SEJA SEU
PRÓPRIO
AMOR

SEJA SEU PRÓPRIO AMOR

MEGAN LOGAN

Tradução Cláudia Mello

astral
cultural

Copyright © 2020 by Rockridge Press, Emeryville, California
Título original: Self-Love Workbook for Women
Tradução para Língua Portuguesa © 2021 Cláudia Mello
Todos os direitos reservados à Astral Cultural e protegidos
pela Lei 9.610t, de 19.2.1998.
É proibida a reprodução total ou parcial sem a expressa anuência
da editora. Este livro foi revisado segundo o Novo Acordo Ortográfico da Língua Portuguesa.

Editora Natália Ortega
Editora de arte Aline Santos
Produção editorial Jaqueline Lopes, Renan Oliveira e Tâmizi Ribeiro
Revisão Alessandra Volkert e João Rodrigues
Ilustrações Shutterstock.com
Capa e projeto gráfico Liz Cosgrove
Foto da autora Arquivo pessoal

Dados Internacionais de Catalogação na Publicação (CIP)
Angélica Ilacqua CRB-8/7057

L82s

Logan, Megan
  Seja seu próprio amor / Megan Logan ; tradução de Cláudia Mello. — Bauru, SP :
Astral Cultural, 2021.
  192 p. : il, color.

ISBN 978-65-5566-149-1
Título original: Self-Love Workbook for Women

1. Autoajuda I. Título II. Mello, Cláudia

21-5141   CDD 158.1

Índices para catálogo sistemático: 1. Autoajuda

ASTRAL CULTURAL EDITORA LTDA.

BAURU
Avenida Duque de Caxias, 11-70
8º andar
Vila Altinópolis
CEP 17012-151
Telefone: (14) 3879-3877

SÃO PAULO
Rua Major Quedinho 111 - Cj. 1910
19º andar
Centro Histórico
CEP 01050-904
Telefone: (11) 3048-2900

E-mail: contato@astralcultural.com.br

SUMÁRIO

Prefácio **7**

Introdução **11**

PARTE UM **VAMOS FALAR DE AMOR-PRÓPRIO 15**

Um A verdade sobre o amor-próprio **16**

Dois Prepare-se para a estrada à frente **30**

PARTE DOIS **AME-SE MAIS 43**

Três Onde você está neste caminho? **44**

Quatro Encontre a autocompaixão **66**

Cinco Liberte suas inseguranças e dúvidas **88**

Seis Construa sua autovalorização **106**

Sete É hora de curar suas relações **130**

Oito Olhe-se com compaixão e abrace quem você é **156**

UMA PALAVRA FINAL SOBRE AMOR-PRÓPRIO 178

Sugestões **181**

Referências **183**

Índice remissivo **187**

Agradecimentos **191**

PREFÁCIO

Quando a gente pensa em amor, logo vem à cabeça algo natural, quase mágico, não é? Eu culpo os contos de fadas por fazerem a gente acreditar que amor é algo simples e automático. Aprendi, ao longo da vida, que grande parte do amor é fruto da nossa dedicação.

Quando falamos em amor-próprio então, penso que cada dia é uma oportunidade de cultivarmos esse ato, especialmente em uma sociedade que nos faz colocar tudo antes de nós mesmos. Principalmente nós, mulheres, que somos ensinadas a cuidar do ambiente e dos outros, mas pouco da gente mesma. A não ser, claro, quando a cultura de dietas e opressão estética consegue se disfarçar de cuidado e acreditamos que nos privar é uma forma de autocuidado.

Neste livro, você vai entender que o amor-próprio é uma jornada em direção à vida plena. Ao se respeitar em primeiro lugar, situações que antes eram fonte de estresse e preocupação se transformam em pequenas vírgulas na nossa história. Ao entender quais são os seus valores, todas as decisões vão se tornar mais simples, e você vai compreender o poder de ser gentil consigo mesma.

Aquela exaustão que muitas vezes sentimos em situações corriqueiras, o vazio e a falta de realização são resultados de uma vida sacrificando nossas vontades e nossos desejos. Ao completar este livro, você vai se encontrar novamente, entendendo quais situações merecem o seu sim e quais devem ser negadas, para que você se respeite e se sinta completa e feliz.

A necessidade de controle, o medo e a ansiedade vão ser aliviados à medida que sua confiança for alimentada, dia após dia. Cada exercício proposto aqui é um passo para inserirmos o amor-próprio em nossa rotina, e espero que ele nunca saia dela. Não existe uma fórmula para o amor-próprio, nem para o autocuidado. Para mim, pode significar dormir bem e me exercitar; para você, pode ser se permitir quinze minutos de silêncio no meio do dia. Não existe certo e errado e, por isso, aconselho que você seja sincera e se dedique a encontrar sua fórmula conforme segue a leitura. Não tenha medo de experimentar coisas novas, permita-se.

Como disse Louise Hay: "Você tem se criticado há anos e não funcionou, tente se aprovar e veja o que acontece".

Lu Ferreira, empresária e criadora do *Chata de Galocha,* um dos primeiros blogs de beleza e moda do Brasil.

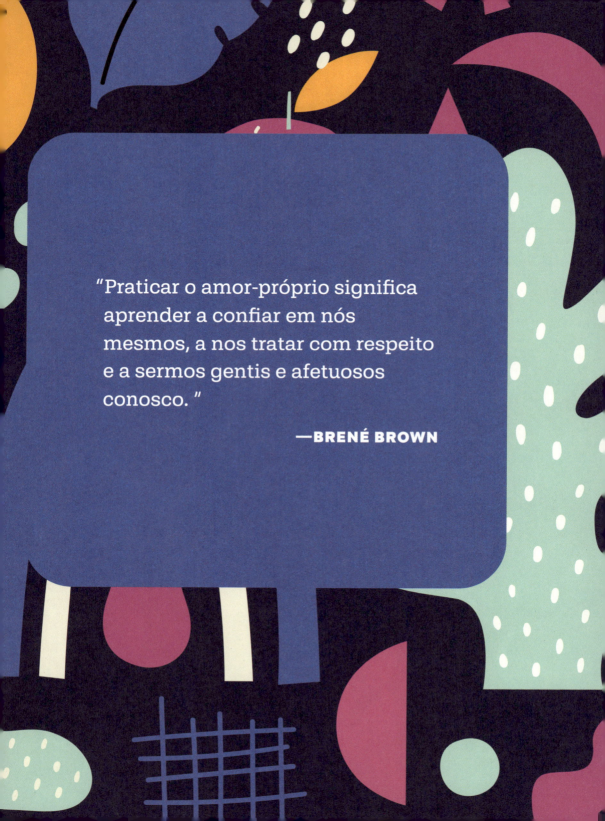

"Praticar o amor-próprio significa aprender a confiar em nós mesmos, a nos tratar com respeito e a sermos gentis e afetuosos conosco."

—BRENÉ BROWN

INTRODUÇÃO

SEJA BEM-VINDA! Enquanto você embarca na jornada em direção ao amor-próprio, eu me sinto animada para ajudá-la nesse passeio ao lhe apresentar um roteiro que vai levá-la a um relacionamento melhor consigo mesma. Quero elogiá-la por dar esse grande passo adiante. Como mulheres, muitas vezes, lutamos para reservar um tempo a nós mesmas. Por isso, este livro foi elaborado não só para falar sobre o amor-próprio e explicar por que ele é essencial, mas para lhe mostrar como encontrá-lo.

Os especialistas costumam falar como é importante valorizar a si mesma. Mas como fazemos para simplesmente nos amarmos? Não seria ótimo se fosse tão fácil quanto saber a definição de amor-próprio? Descobri que o caminho para o amor-próprio deve incluir a prática intencional, com um foco consciente e uma energia dedicada ao desenvolvimento dessas habilidades. Se o amor-próprio é o destino, as atividades neste livro são os postos de abastecimento ao longo da estrada. E sua vontade de completar e fazer os exercícios é o combustível que vai levá-la até lá.

Às vezes, esse processo pode exigir muito esforço ou simplesmente não soar verdadeiro. Você pode encontrar obstáculos ou pegar um atalho. Tudo bem, já que, assim como acontece com o amor-próprio, não estamos focadas nos resultados, mas no processo em si. Continue praticando! Você vale a pena, e comprar este livro é um passo maravilhoso para priorizar a si mesma. No fim das contas, seu trabalho árduo será recompensado, e você estará no caminho certo para aprender a se amar.

Na minha experiência pessoal e nos vinte anos como assistente social clínica licenciada, especializada em questões femininas, testemunhei em primeira mão a importância do amor-próprio. Como mãe trabalhadora, em

uma profissão que envolve ajudar os outros, já cheguei a ficar sem combustível no fim do dia, com a bateria arriada. Esgotada, eu queria me desligar do mundo com Netflix e chocolate. Evitar conexões sociais, porque pareciam muito desgastantes, causou alguns problemas na minha vida, levando ao isolamento e à sensação de esgotamento. Foi nesses momentos que percebi a importância de me colocar em primeiro lugar. Hoje, trabalho para ajudar minhas clientes a fazerem a mesma coisa — voltar-se para dentro e aprender a priorizar o cuidado consigo mesma e o amor-próprio.

    Algo incrível acontece quando as mulheres aprendem a encontrar e a cultivar seus dons e seus pontos fortes e começam a curar a própria vida. Esteja você se recuperando de uma imagem corporal distorcida, saindo de um relacionamento não saudável ou simplesmente decidindo se colocar em primeiro lugar, este livro fornece ferramentas para você criar uma vida cheia de significado e propósito. Pelo uso de afirmações e mantras, práticas passo a passo, atividades e provocações instigantes, este livro incentiva essa jornada para ter mais amor-próprio.

    Dito isso, por favor, entenda que este livro não pretende substituir nem a terapia, nem a medicação, nem o tratamento da saúde psicológica, e não há vergonha nenhuma em pedir ajuda a um profissional de saúde. Pelo contrário, este livro pode servir como um excelente complemento para a cura e o crescimento. Gosto de pensar nele como um ponto de partida e um mapa que lhe mostra o caminho.

    Este livro é dividido em duas partes. Na primeira, você vai entender o amor-próprio, ao mesmo tempo que reconhece por que é tão importante priorizá-lo. Na segunda parte, o conceito de amor-próprio é dividido em

componentes separados, incluindo capítulos sobre como liberar a insegurança, como praticar a autocompaixão, como construir a autovalorização e como criar relacionamentos mais saudáveis, além de atividades para praticar e encorajar a autorreflexão e a inspiração.

É perfeitamente normal seguir pelo livro no seu ritmo; na verdade, eu a encorajo a não acelerar o processo. Lembre-se de que esta é uma jornada e de que ela vai levá-la a muitos destinos, incluindo um lugar de sabedoria, com base no qual você vai conseguir praticar a bondade e a compaixão em relação a si mesma.

Tenho esperança de que, conforme você leia este livro, as lições sejam pavimentadas com sua coragem e disposição de ser vulnerável. Algumas dessas atividades e provocações introspectivas, às vezes, podem parecer assustadoras ou avassaladoras. Tente abrir espaço e permitir que esses sentimentos estejam presentes conforme você avança e pratica as habilidades. Não se preocupe se isso parecer impossível — vou apoiá-la e incentivá-la ao longo do caminho.

Estou muito empolgada para viajar como sua copilota enquanto você cresce, se cura e, por fim, aprende que é um presente para o mundo. Obrigada por confiar em mim e me permitir participar de sua experiência.

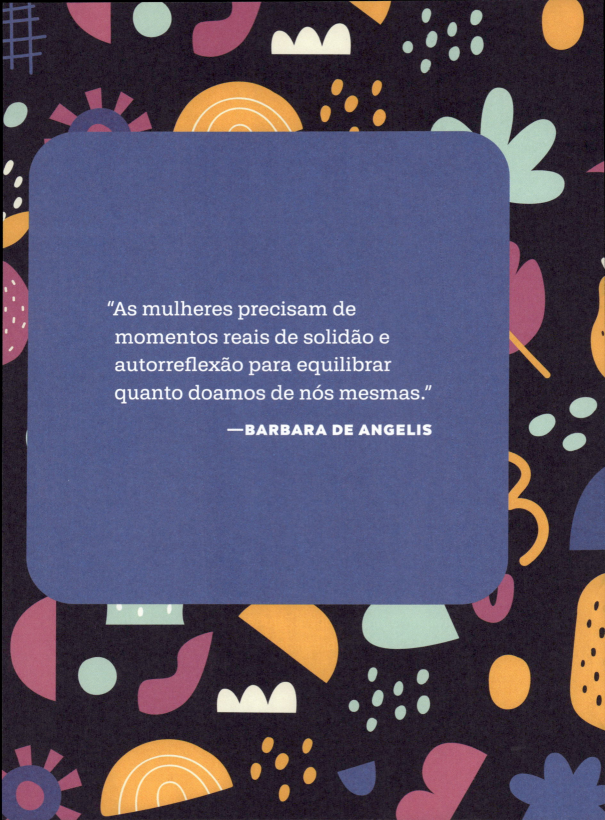

"As mulheres precisam de momentos reais de solidão e autorreflexão para equilibrar quanto doamos de nós mesmas."

—BARBARA DE ANGELIS

PARTE UM

Vamos falar de amor-próprio

Antes de embarcar em qualquer jornada, você precisa ter uma ideia de onde vai começar e qual será o seu destino. A primeira etapa envolve estabelecer uma base para entender o amor-próprio. Esta parte do livro vai permitir que reserve um tempo para refletir no que o amor-próprio significa para você, além de identificar áreas nas quais você já é forte e áreas que precisam ser desenvolvidas. A parte **um** apresenta o propósito de aprender o amor-próprio. Também serve como motivo para reservar um tempo e abrir espaço para as atividades da parte **dois**.

CAPÍTULO 1

A VERDADE SOBRE O AMOR-PRÓPRIO

"E eu me encontraria de novo. Não a mesma versão de mim que eu procurava, mas uma versão mais forte. Uma versão mais sábia. Uma mulher que sabia que era suficiente do jeito que era. Uma mulher que tinha sido testada no fogo, mas, em vez de ser queimada por ele, tinha saído na forma de ouro. Uma mulher que, finalmente, depois de duvidar, questionar, se esforçar e lutar para ter valor durante anos [...], finalmente, finalmente percebeu que era, é e sempre tinha sido [...] suficiente."

—MANDY HALE

Para começar, vamos nos aprofundar na ideia de amor-próprio para melhorar a motivação e a energia. Este capítulo vai ajudar a inspirá-la e a prepará-la para as atividades da parte **dois**. Aqui, será possível entender e conceituar melhor a ideia nebulosa de amor-próprio, definindo o que ele é, o que não é e como pode ser sua aparência diária.

No fim deste capítulo, há uma atividade de avaliação para ajudá-la a obter uma "fotografia instantânea" de em que pé você está quando se trata de amor-próprio.

O QUE É AMOR-PRÓPRIO?

Amor-próprio é o combustível que permite que um indivíduo atinja seu pleno potencial, e é repleto de compaixão, graciosidade e gentileza. Abrir espaço e priorizar a nós mesmas nos permite abraçar a vida de maneira completa e sincera.

Amor-próprio é aprender a estender a bondade na nossa direção, inclusive quando estamos lutando e sofrendo. É estender o perdão a nós mesmas quando cometemos erros. Significa priorizar a nós mesmas e nos dar permissão para encontrar nossos pontos fortes e dons, e acreditar neles. Às vezes, significa nos colocar em primeiro lugar. Às vezes, significa abrir espaço para identificar nossas necessidades e vontades. Também envolve estabelecer limites, e estabelecer limites envolve amor-próprio. Esses dois conceitos funcionam juntos.

As clientes com quem trabalho travam diariamente uma luta para aprender a amar a si mesmas. Muitas vezes, logo na primeira sessão de terapia, as mulheres conseguem identificar, de maneira rápida e fácil, algumas crenças que são internalizadas, todas baseadas na vergonha e na necessidade de amor-próprio. Depois disso, elas ficam paralisadas, sem ter ideia dos passos que precisam dar em busca de transformação. Logo depois que elas identificam suas crenças, essas mulheres se perdem, sem saber como seguir a jornada.

O QUE NÃO É

Para entender melhor o que o amor-próprio envolve, às vezes é preciso pensar no que o amor-próprio não envolve.

O amor-próprio não é perfeição, nem estar sempre feliz. Não se baseia nas suas realizações e nas medidas externas de sucesso. Não está enraizado na crítica baseada na vergonha, nem no medo. Não envergonha, não mente, não minimiza, não critica.

Muitas vezes, as mulheres acham que podem amar a si mesmas, descobrindo defeitos e se criticando, como se isso as ajudasse a se tornar uma versão melhor de si mesmas. Se isso faz sentido, posso prometer que, no esforço de se tornar melhor pela vergonha e pela autocrítica, você vai ficar pior e desanimada, esperando que alguém ou alguma coisa a resgate. O verdadeiro amor-próprio deve vir de dentro, mesmo quando fazemos besteira ou tomamos um rumo errado na vida.

POR QUE LUTAMOS PARA NOS AMAR?

O amor-próprio parece um conceito bem simples de ser explicado. Mas por que é tão estranho? Todos os humanos são programados para ter conexão e pertencimento. Para as mulheres, a nutrição tem raízes na sobrevivência.

Nas primeiras sociedades caçadoras e coletoras, as atividades das mulheres se concentravam em gerar e criar os filhos, coletar comida e bebida, além de estruturar um espaço doméstico que fosse seguro. Hoje, como mulheres, muitas vezes nos vemos cuidando dos filhos, dos pais, dos amigos, dos relacionamentos afetivos. Conseguimos estender graciosidade e compaixão aos outros com muita facilidade, mas podemos sofrer na tentativa de criar espaço e tempo para nos colocar em primeiro lugar.

Talvez isso resulte de uma crença errônea de que somos egoístas ou de que não somos merecedoras. Talvez esse sentimento venha de mensagens sociais internalizadas, feridas da primeira infância ou traumas profundamente enraizados. Ou talvez simplesmente não tenhamos tempo para priorizar a nós mesmas.

As crenças internalizadas de que não temos valor estão enraizadas na vergonha, e, onde há vergonha, o amor-próprio sofre para crescer. Descobri que a maioria das mulheres que sofre para se amar tem uma voz interna forte e crítica. Elas raramente falariam com os amigos, com a família ou até mesmo com um inimigo da maneira como falam consigo mesmas.

Com o tempo, essa narrativa crítica internalizada cria um discurso automático; uma via bem desgastada, como uma estrada de oito pistas. Embora aprender a praticar o amor-próprio possa ser parecido com usar uma faca de manteiga para cortar ervas daninhas e abrir caminho por uma selva densa, saiba que o fato de criar uma nova narrativa e fazer as atividades deste livro logo vai abrir diferentes possibilidades para o surgimento de uma visão mais clara e de um caminho mais saudável.

Da mesma forma, se você teve uma infância difícil, enraizada em padrões disfuncionais, o amor-próprio talvez nunca tenha tido a chance de criar raízes e florescer. Nunca é tarde para iniciar esse processo. Podemos aprender a amar a nós mesmas, mesmo quando adultas, e a criar bases novas e sólidas para o crescimento e a cura.

ONDE A FALTA DE AMOR-PRÓPRIO APARECE PARA VOCÊ?

Uma mulher que sacrifica as próprias necessidades e os próprios desejos por todos os outros provavelmente vai se tornar ressentida e frustrada. No início, pode ser parecido com dar e nutrir. Com o tempo, ela perde a noção de identidade e fica exausta, amarga e insatisfeita.

Os motivos por trás da falta de amor-próprio são muitos, e as manifestações de um tanque vazio desse sentimento podem aparecer de várias maneiras. Os motivos podem incluir odiar o próprio corpo, e as manifestações podem envolver padrões destrutivos, como fazer dietas, compulsão alimentar ou purgação, análise corporal compulsiva e comparação de nós mesmas com outras pessoas nas redes sociais.

Pode ser parecido com ficar presa em uma busca sem fim por parceiros emocionalmente indisponíveis ou inadequados, na tentativa infrutífera de se sentir especial ou desejada. Pode ser parecido com se manter em relacionamentos não saudáveis por muito mais tempo do que o necessário. A falta de amor-próprio se revela quando nos concentramos em encontrar fontes externas para nos alimentar. Isso, muitas vezes, nos faz sentir ainda mais vazias por dentro.

Menos obviamente, às vezes, a falta de amor-próprio aparece disfarçada de perfeccionismo. Isso pode parecer estranho à primeira vista. As realizações e o sucesso não fomentam o amor-próprio? Infelizmente, quando o perfeccionismo e as medidas externas de autovalorização assumem o controle, o amor-próprio é interrompido de um jeito brusco. Em vez disso, o sentimento de que não temos valor assume o controle e nos leva na direção errada, para longe do amor-próprio. Você já pensou alguma coisa do tipo: "Se ao menos eu conseguisse um dez na prova de matemática. Se ao menos eu perdesse dez quilos. Se ao menos eu tivesse uma pessoa ao meu lado"?

Apressar-se para provar para os outros e para nós mesmas que temos valor vira uma busca sem fim e vazia que, erroneamente, parece amor-próprio. Não é. O amor-próprio é aquilo que brilha mesmo quando não alcançamos nossos objetivos ou nossas metas de sucesso. O amor-próprio envolve estender a bondade e a graciosidade a nós mesmas, não importa o resultado. Posteriormente, neste livro, você vai ter a oportunidade de colocar essa ideia em prática.

OS BENEFÍCIOS DE AMAR A SI MESMA

Imagine, por um instante, como seria sua vida se você realmente amasse a si mesma. O que mudaria se abandonasse a incerteza, a autocrítica e o medo de não ser boa o suficiente?

Imagine uma oportunidade em que se sinta inteira, cheia de energia e pronta para encarar tudo que a vida lhe entrega. Imagine sentir que você tem valor nesse mundo. Pronto! Você acabou de identificar os benefícios de amar a si mesma. Aqui estão cinco coisas que amar a si mesma pode fazer por você:

1. **Ser uma pessoa mais gentil.** Imagine falar consigo mesma de um jeito amoroso e solidário. Como um melhor amigo, um coach, um pai, uma mãe ou um professor. Apoiar, encorajar e perdoar permite que a graciosidade e a paz entrem em sua vida.

2. **Mais energia para viver plenamente.** Liberar espaço e tempo para se alimentar e cuidar de si mesma permite uma renovação de energia e um suprimento infinito do combustível que vem de dentro. É como um poço que nunca seca.

3. **Mais amor para compartilhar com outras pessoas.** Clichê, mas é verdade. É difícil amar alguém do jeito que você quer se não ama a si mesma primeiro, e você pode cair em um padrão de dependência ou necessidade. Amar mais a si mesma terá um impacto positivo em todos os seus relacionamentos.

4. **Relacionamentos mais saudáveis com seus entes queridos.** Sem o amor-próprio para alimentar nossa vida, sentimos a necessidade de procurá-lo em outro lugar, e às vezes isso assume a forma de tentar encontrar combustível em relacionamentos com outras pessoas. Infelizmente, essas relações podem se tornar desequilibradas e cheias de necessidades, ressentimentos e amarguras, enquanto procuramos outras pessoas para nos fazer felizes ou para nos ajudar a sentir que temos valor. Aprender o amor-próprio nos permite ter dinâmicas e expectativas mais saudáveis nos relacionamentos. Nós nos tornamos os criadores da nossa felicidade.

5. **Não dependemos mais de medidas externas de sucesso.** Claro que é maravilhoso ter sucesso e alcançar nossos objetivos. Quando o amor-próprio alimenta isso, e não a dúvida e o medo, o sucesso se torna algo para desfrutar e apreciar com gratidão, além de uma forte percepção dos nossos dons.

POR QUE AS MULHERES DEVEM DAR PRIORIDADE AO AMOR-PRÓPRIO

O amor-próprio é um nutriente essencial para a nossa vida. Podemos nos nutrir plenamente praticando o autocuidado e a autocompaixão.

O amor-próprio, enraizado em conhecer e nutrir os pontos fortes internos e alicerçados em valores pessoais, é essencial para o crescimento, o aprendizado e a plenitude que acompanham o ato de viver toda a sua verdade. Indo mais além, o sentimento de "não é possível servir se o copo estiver vazio" ilustra como o estoque interno afeta a capacidade de ser qualquer coisa para qualquer pessoa.

Raramente, ou nunca, o amor verdadeiro se espalha se não houver uma fonte interna. Correr em círculos, tentando ter valor e agradar a todos, é exaustivo e acaba nos deixando esgotadas. Mensagens de autocrítica, embora pareçam motivar, são contraproducentes, gerando uma sensação de desconexão, ressentimento e solidão. Sem amor-próprio, surgem oportunidades para tendências não saudáveis, como padrões de relacionamento autodestrutivos, codependência, tentativas de agradar às pessoas, vícios e autossabotagem.

Quando não priorizamos o amor-próprio, nos esforçamos para ser "boas o suficiente", medindo resultados como um número na balança, a nota de uma prova, a quantidade de amigos que temos. Essas medidas ficam aquém do verdadeiro amor-próprio, que vem de dentro. Priorizar e praticar o amor-próprio é fundamental para encontrar paz, ter relacionamentos e conexões significativos e alcançar nosso potencial máximo. Imagine as coisas incríveis que podem acontecer com esse tipo de sentimento.

Reflita e defina suas intenções

Antes de iniciar qualquer jornada, você precisa identificar o que espera conseguir com a experiência. Isso pode ajudá-la a desacelerar, a acalmar as ideias na sua mente e a relaxar o corpo para permitir que sua sabedoria interior fale com você. Encontre um lugar tranquilo para se sentar, leia as instruções e, depois, pratique as seguintes etapas:

1. Comece fechando suavemente os olhos.

2. Respire fundo três vezes, inspirando totalmente e expirando devagar.

3. Pense no que a levou a comprar este livro. Preste atenção a quaisquer cutucões silenciosos ou lugares que possam parecer desagradáveis.

Reflita, por um instante, sobre o que você espera aprender com este conteúdo. Pense em como se sentiria se amasse totalmente a si mesma. Preste atenção às mudanças no seu corpo e à sua respiração.

4. Relaxe e abra os olhos quando estiver pronta.

COMO COMEÇAR SUA JORNADA EM BUSCA DE AMOR-PRÓPRIO

Para dar início à nossa trajetória, preciso que você esteja preparada para a caminhada que vem pela frente. Aqui estão algumas coisas de que você vai precisar:

- **Tempo.** Você vai precisar reservar um tempo com o mínimo de distrações. No mundo real, muitas vezes, as mulheres representam muitos papéis, e isso significa funcionar em modo multitarefa. Como mãe trabalhadora, me lembro claramente de uma vez em que amamentava meu filho pendurado em um *sling*, mexia o molho do espaguete e participava de uma teleconferência de trabalho. Não é o ideal para uma reflexão profunda e para a introspecção. Ao preencher este livro de atividades, tente reservar até quinze minutos para ficar sozinha e em silêncio. Talvez isso signifique acordar quinze minutos mais cedo ou ir dormir quinze minutos mais tarde. Você pode até querer levar o livro escondido para o banheiro.

- **Lápis de cor ou canetas coloridas; materiais de artesanato.** Além deste livro, seria ótimo você encontrar canetas ou lápis coloridos e bem diferentes. Às vezes, usar uma caneta especial, ou diversos itens de papelaria, pode dar vida à sua experiência de registro neste diário. Cores, texturas e diferentes estilos de escrita nos lembram de priorizar a nós mesmas e costumam tornar a experiência mais agradável.

- **Um lugar especial.** Ao iniciar este processo, é importante encontrar o espaço ideal, que garanta conforto e um estado de espírito de relaxamento. Talvez uma poltrona confortável com algumas almofadas sirva, ou talvez um lugar especial na sua casa que seja silencioso e calmo seja a melhor opção. Tenho uma cliente que usa o closet, para ter privacidade.

- **Uma experiência ritual e sensorial.** Para melhorar a experiência, tente acender velas, colocar uma música relaxante, preferir uma iluminação suave, vestir um pijama confortável e beber um chá quente. A ideia é criar um ritual e uma prática intencional repleta de experiências multissensoriais. Essa atmosfera reconfortante e estimulante abre você para as possibilidades do amor-próprio.

- **Uma mente aberta e disposição para ser vulnerável.** Talvez a ferramenta mais importante ao iniciar sua jornada seja a disposição para acolher a vulnerabilidade. Quando você é honesta consigo mesma, a criatividade, o crescimento e a cura florescem. Esteja aberta para as possibilidades e, quando se sentir assustada ou massacrada, observe e aceite os sentimentos, respire e mude o foco de volta para o livro.

Desafios que você pode enfrentar ao longo do caminho

Ao trabalhar em tópicos, como o amor-próprio, às vezes você pode se encontrar em uma estrada acidentada, caindo em buracos ou até mesmo desabando na beira da rodovia. Esses desafios podem vir na forma de insegurança, medo, estar muito ocupada, distrações, receio de ser muito autocomplacente ou sentimentos de não ter valor suficiente nem mesmo para começar. Seja paciente e saiba que você vale a pena. Não desista! Continue avançando, mesmo (e talvez ainda mais) quando encontrar alguns desses obstáculos.

Se houver um capítulo ou uma seção do livro que simplesmente pareça muito difícil ou não faça sentido para você, fique à vontade para voltar a ele quando for a hora certa, ou pule para uma seção que se adapte às suas necessidades naquele momento. Esta é a sua jornada e, no mínimo, você vai querer praticar a bondade e a autocompaixão ao usar este livro. As atividades podem ser feitas individualmente, em parceria com seu terapeuta ou até em um pequeno grupo de mulheres, para apoiar e encorajar umas às outras.

Não vai acontecer da noite para o dia

A cura raramente acontece rápido. Na verdade, a mudança real leva um tempo. Você pode sentir que está presa em um carrossel, mas, às vezes, o crescimento não acontece de forma linear — altos e baixos podem fazer parte do processo.

Tente confiar na jornada. Seja delicada e gentil consigo mesma quando estiver impaciente e sofrer para sentir amor-próprio. Assim como uma lagarta e uma semente devem progredir em etapas para crescer e florescer, você está evoluindo e crescendo, e esta é uma jornada de quilômetros, não acontece em minutos. Permita-se aprender a cada passo do caminho.

COMO O AMOR-PRÓPRIO PODE MUDAR SUA VIDA

Amar a si mesma de verdade pode transformar sua existência em muitos níveis. Imagine, só por um instante, como seria a vida se ela fosse alimentada pelo seu interior e não por medições externas de sucesso, baseadas em padrões sociais ou nas expectativas dos outros. A energia que pode vir do amor-próprio vai impulsioná-la a se tornar a melhor versão de si mesma. Não mais presa na busca por relacionamentos sem futuro, por parceiros emocionalmente indisponíveis, por agradar às pessoas, por insegurança, ciúme, inveja ou comportamentos destrutivos.

Quando a autovalorização cresce de dentro para fora, o amor floresce e se espalha para o mundo exterior, tornando os relacionamentos mais enriquecidos e autênticos. Com o amor-próprio, você se torna livre para cometer erros e ainda se mover pelo mundo, aprendendo e crescendo o tempo todo.

Autoavaliação: Onde você está na jornada do amor-próprio?

Vamos ver onde você está na jornada em direção ao amor-próprio. Avalie as afirmações em uma escala de 0 a 5 e, depois, some a pontuação.

0 = nunca   **1** = raramente   **2** = às vezes   **3** = frequentemente
4 = com muita frequência   **5** = sempre

1. Acredito que tenho valor e sou merecedora de amor.

0   1   2   3   4   5

2. Acredito que sou especial.

0   1   2   3   4   5

3. Acredito que tenho um propósito de vida.

0   1   2   3   4   5

4. Sou capaz de expressar minhas necessidades e meus desejos.

0   1   2   3   4   5

5. Aceito e amo o meu corpo do jeito que ele é.

0   1   2   3   4   5

6. Não preciso ter um relacionamento para me sentir completa.

0   1   2   3   4   5

A verdade sobre o amor-próprio

7. Acho que não há problema em cometer erros e não ser a melhor.

0   1   2   3   4   5

8. Meus sentimentos são tão importantes quanto os dos outros.

0   1   2   3   4   5

9. Dou a mesma importância aos meus sentimentos e aos sentimentos das outras pessoas.

0   1   2   3   4   5

10. Eu mereço coisas boas na vida.

0   1   2   3   4   5

Pontuação:

40–50 = Você alcançou uma noção maravilhosa de amor-próprio. Continue amando a si mesma.

30–40 = Você está no caminho. Continue reservando um tempo para lembrar que você é especial.

20–30 = Há momentos em que você sente que tem valor e outros em que você sofre.

Continue trabalhando e acreditando em si mesma.

10–20 = Você sofre para se sentir valorizada e amada. Aqui é o lugar certo para aprender a se amar.

0–10 = Está na hora de construir uma nova base para você desenvolver o amor-próprio. Continue lendo — você merece.

CONCLUSÃO

Tenho muito orgulho de você pela disposição e pela coragem de dar o primeiro passo da nossa jornada. Tenho esperança de que o reconhecimento da importância do amor-próprio irá sustentá-la pelo próximo capítulo, enquanto nos preparamos para mergulhar ainda mais na prática desse sentimento. Você deu o primeiro e mais importante passo, que é reconhecer a influência do amor-próprio na sua vida. Vamos continuar avançando para a próxima etapa da nossa jornada.

Incluí uma afirmação no fim de cada capítulo. Uma afirmação é uma ótima ferramenta para relaxar e concentrar a mente, incentivar o pensamento positivo e confirmar quem você é e quem pode se tornar. Reserve um momento para se concentrar na sua respiração e repita essa afirmação para si mesma até que esteja pronta para virar a página.

A mágica acontece quando eu me abro para a vulnerabilidade.

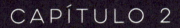

CAPÍTULO 2

PREPARE-SE PARA A ESTRADA À FRENTE

"Se alguém percebe nossas qualidades e talentos, achamos que essas partes de nós devem valer a pena. [...] Ansiamos que alguém nos descubra, nos admire, nos colonize. Mas por que tem que ser outra pessoa? Por que você não pode embarcar nessa viagem e explorar a si mesma?"

—VIRONIKA TUGALEVA

O próximo passo na jornada do amor-próprio envolve a preparação. Neste capítulo, vamos estabelecer um processo significativo e criar um espaço para a prática intencional de aprender a amar a nós mesmas. Você vai explorar maneiras de se tornar vulnerável e autêntica e aprender a se tornar prioridade em um mundo no qual outras coisas competem pela sua atenção. Pense como se você tivesse o tanque cheio de combustível, os pneus inflados, um motor que funciona, cintos de segurança, air bags e cabos de bateria à mão. (E lembre-se de que, às vezes, música e petiscos para desfrutar durante a viagem podem melhorar a experiência.) Embora encontrar o amor-próprio possa parecer algo mágico em si, isso acontece de forma mais fácil se tivermos dedicação e compromisso. Então, aperte o cinto — você vale a pena.

PRÁTICA DIÁRIA DE AMOR-PRÓPRIO

Cada dia se apresenta como uma nova oportunidade para redefinir e redespertar o amor-próprio. Se você sofreu no dia anterior para reservar um tempo e se tornar prioridade, tudo bem. Nunca é tarde para começar a praticar o amor-próprio. Em meio a tudo isso, tente falar consigo mesma de um jeito gentil e solidário para continuar focada nos seus objetivos. O amor-próprio não pode crescer no contexto da vergonha e da humilhação. Imagine se você falasse de maneira gentil e amorosa consigo mesma todos os dias. O que mudaria? O que pareceria diferente? O que você se daria permissão para fazer?

A prática diária do amor-próprio abre um caminho no cérebro para que esse sentimento se torne automático, como escovar os dentes. Os cientistas descobriram que neurônios ativados se conectam a outros neurônios em atividade no cérebro para transmitir informações. Esses neurônios se conectam para criar uma via neural. Com a prática diária, qualquer nova ação — nesse caso, o amor-próprio — se torna arraigada. Claro que, no começo, é desafiador. Parece trabalhoso ou talvez até mesmo frescura, às vezes. No entanto, se for prolongado, esse novo comportamento vai se tornar uma segunda natureza, permitindo que o amor-próprio se desenvolva.

NÃO SE TRATA SÓ DE TOMAR UM BANHO DEMORADO E IR À MANICURE

Eu costumava pensar que o amor-próprio parecia ser uma coisa consumista e luxuosa. Quem tem tempo para isso quando trabalho, família e relacionamentos exigem tanta energia e dedicação? Aprendi rapidamente que viver de maneira plena exige que nos alimentemos muito além do escopo de ir à manicure, beber uma taça de vinho e tomar um bom banho demorado. Claro que relaxar e ser mimada são coisas adoráveis e essenciais. Mas o verdadeiro amor-próprio envolve mais do que isso. Envolve desenvolver a honestidade em nós mesmas, identificar nossos valores e criar uma vida autêntica, livre de padrões autodestrutivos e de automutilação. Trata-se de criar uma vida na qual nossas escolhas e decisões nutram e reflitam nosso verdadeiro eu e nossos valores. Pense nisso por um instante.

Quais prioridades seriam alteradas e mudadas para você? Não se preocupe se ainda não tiver certeza sobre os valores. Vamos explorar isso na segunda parte do nosso livro. Lembre-se de que, embora os banhos demorados e as idas à manicure sejam divertidos, o verdadeiro amor-próprio vem de dentro e não depende de eventos externos, resultados, opiniões de outras pessoas ou padrões sociais.

SEJA VULNERÁVEL

Como mulheres, muitas vezes nos encontramos no papel de educadoras, cuidando e ajudando os outros. É difícil perceber que nós também precisamos nos sentir especiais ou amadas. Concentrar-se nas necessidades dos outros pode ser um jeito de evitar nossas necessidades, o que pode nos fazer vulneráveis. Uma parte importante de sermos autênticas conosco é reconhecer essas fragilidades — nossos sentimentos de não sermos boas o suficiente, em conjunto com a decepção, a tristeza e os medos — e fazer uma escolha consciente de "tentar".

Praticar a honestidade e a vulnerabilidade, às vezes, pode parecer massacrante ou assustador, porém é extremamente necessário para chegarmos a um acordo com todos os obstáculos à paz interior e à autoaceitação. Embora você seja sua apoiadora número um nessa jornada, considere identificar relacionamentos de confiança para poder ter suporte; talvez uma amiga, um parente, um parceiro afetivo ou um terapeuta. Essas pessoas podem ajudá-la a se animar e incentivá-la "de longe". Lembre-se de que você está no assento do motorista nessa viagem, e a capacidade de se deixar ser vulnerável, em última análise, começa com você.

SEJA HONESTA

Se a vulnerabilidade é nossa amiga, a honestidade é irmã dela. A honestidade acontece quando cultivamos a autenticidade. Ao viver só para agradar aos outros ou para atender a padrões externos, nos afastamos do nosso verdadeiro caminho. A honestidade permite que falemos o que pensamos e expressemos nossos sentimentos e opiniões, mesmo que isso incomode os outros ou deixe alguém pouco à vontade.

Quando suprimimos nossos pensamentos e sentimentos, eles costumam se manifestar de maneiras que causam tristeza e também desconforto. Suprimir emoções não as faz desaparecer de dentro de nós. Na realidade, pode fazer com que os sentimentos permaneçam por mais tempo e que se intensifiquem. Com o tempo, sufocar emoções negativas contribui para questões relacionadas à saúde, como pressão alta, problemas de memória e dificuldade de concentração. A raiva não revelada e não resolvida tende a crescer, levando a uma reação exagerada que pode prejudicar os relacionamentos e a autovalorização.

Ser verdadeira consigo mesma envolve reconhecer seus dons e compartilhá-los com o mundo. Imagino que, se todos tentássemos ser um pouco mais honestos e vulneráveis com nossas próprias emoções, teríamos relacionamentos e conexões mais significativos.

COLOQUE-SE EM PRIMEIRO LUGAR

Você pode estar pensando: como posso me colocar em primeiro lugar? Mesmo com tantas demandas e expectativas que temos no dia a dia, não seria ótimo ter esse luxo? Eu mesma pensei nisso muitas vezes. Obrigações no trabalho, contas a pagar, mantimentos a comprar, cuidar dos filhos, pais, namorados e amigos — até o cachorro é alimentado e levado para caminhar antes de eu atender às minhas necessidades.

Colocar-me em primeiro lugar é totalmente contraintuitivo para o meu tipo de personalidade, minha natureza e meu condicionamento feminino. Foram necessários uma introspecção dedicada e um diário, mas aprendi a estabelecer limites emocionais e físicos, reservando um tempo para conseguir me restaurar e me envolver em atividades que pudessem trazer paz e alegria aos meus dias. Espero que este livro de atividades a ajude a encontrar isso na vida.

RESERVE UM TEMPO PARA VOCÊ

Pode parecer impossível reservar um tempo para o autocuidado. Encontrei maneiras de incluí-lo na minha rotina acordando dez minutos mais cedo só para ficar deitada na cama assistindo ao nascer do sol, ou me permitindo a ouvir música de meditação, sem interrupções, antes de ir para a cama à noite. Tomo banhos quentes e procuro me concentrar na água morna e no cheiro do xampu.

Priorizei a ida à academia, mesmo que me recompense assistindo a uma série da Netflix enquanto estou no aparelho elíptico. Ei, a gente faz o que esta ao nosso alcance, certo? Quando meus filhos eram pequenos, eu tinha que ser um pouco mais criativa para encontrar esse tempo. A chave para esses momentos menores é fazer com que eles valham a pena. Praticar a atenção plena e estar no presente funciona melhor. Juro que ninguém mais vai fazer isso por você.

Até cinco minutos é melhor do que nada

As oportunidades de autonutrição acontecem o tempo todo — uma xícara de chá quente, sentir o sol no rosto — , mas, quando estamos preocupadas, nós as perdemos. Um truque para praticar o amor-próprio é dedicar a si mesma cinco minutos por dia. Nesse período, você deve estar plena, permanecendo presente e alerta. Esses minutos podem ajudá-la a se conectar consigo mesma e proporcionar paz de espírito.

Cinco minutos de amor-próprio

Aqui estão alguns truques multissensoriais e autocalmantes:

1. **Conecte-se com a natureza e respire.** Inspire fundo pelas narinas e expire pela boca. Sinta os pulmões se enchendo e observe o corpo se acalmar.

2. **Ouça com atenção.** Feche os olhos e atente-se aos sons ao redor. Só escute, sem julgar. Não existem sons bons ou ruins. Eles só existem. Agora descreva o que ouviu com suas palavras, em voz alta ou por escrito. Basta registrar os fatos, como o som do relógio, a porta do carro fechando.

3. **Acalme-se pelo toque.** Tente acalmar-se de algum jeito, talvez enrolando o cabelo com os dedos ou alisando o braço suavemente. Observe a sensação de conforto. Às vezes, nós tendemos a fazer isso inconscientemente. O amor-próprio deve ser intencional no início, mas depois vai se tornar um hábito.

Agende para não se esquecer

Nossa vida é ocupada porque estamos sempre correndo e tentando realizar as atividades da agenda. É normal ficarmos sem tempo e energia no fim do dia, fazendo com que o amor-próprio seja um desafio a alcançar. Descobri que programar um tempo para praticar o amor-próprio faz diferença. Se você for uma pessoa matutina, talvez possa acordar dez minutos mais cedo. Se, como eu, você consegue reservar a hora do almoço como um momento sagrado para se reabastecer e eliminar todas as distrações e demandas, vá em frente e faça isso. Às vezes, só precisamos programar a prática do amor-próprio na nossa vida ocupada e priorizá-la. Esse é um grande primeiro passo na direção certa.

FORMAS SIMPLES DE PRATICAR O AMOR-PRÓPRIO FORA DESTE LIVRO

Existem muitas maneiras de praticar o amor-próprio fora deste livro de atividades. Listei algumas delas e a encorajo a explorar melhor as possibilidades de cada uma por conta própria. Também incluí uma lista de sugestões no fim do livro (página 181), para indicar o caminho certo.

Meditação

A meditação proporciona muitos benefícios emocionais, físicos e espirituais. Essa prática ajuda a controlar o estresse e permite uma resposta de relaxamento do corpo. Ao praticar a meditação, a única coisa que existe é aquele momento. Essa técnica também incentiva a criatividade, novas ideias e, às vezes, um sentimento de ligação com uma coisa maior do que você. Para alguns, a meditação pode ter implicações espirituais poderosas. Para outros, pode permitir o aterramento e a conexão com o corpo. Como a meditação ajuda a reduzir os níveis de estresse, ela pode se tornar um componente essencial no gerenciamento de problemas crônicos de saúde, como ansiedade, dor crônica, insônia, hipertensão, doenças inflamatórias, dores de cabeça tensionais e transtornos autoimunes.

Ao nos oferecermos a oportunidade de reduzir o estresse e reservarmos um tempo para refletir e voltar a nos centrar, podemos mudar o foco dos eventos externos para o nosso corpo — isso é uma forma de amor-próprio. Ao acalmarmos a mente e o corpo, entramos em sintonia conosco.

Uma das minhas formas preferidas de meditar envolve apagar as luzes e acender uma vela enquanto peço ao meu dispositivo Alexa para tocar músicas de relaxamento e meditação. Começo com respirações lentas e profundas e me concentro no som de cada música. Se um pensamento vem à minha mente, eu o percebo e o insiro em um post-it imaginário no canto da mente, para analisar mais tarde. Em seguida, mudo o foco de volta para a respiração e para a música.

Claro que a meditação não precisa acontecer à noite nem em um quarto silencioso. Depois de pegar o jeito, você poderá praticá-la em qualquer lugar, até mesmo esperando o ônibus, na fila do supermercado ou antes de uma prova.

Visualização

Uma das coisas que mais gosto de praticar com minhas clientes é a meditação com imagens guiadas. Depois de se centrar e se acalmar pela respiração e pelo foco, pense na imagem de alguma coisa agradável ou que transmita calma. Em seguida, faça uma varredura panorâmica da cena. O truque para uma visualização eficaz envolve a plena consciência sensorial. Para uma cena na praia, pode ser mais ou menos assim:

> **Imagine-se na praia e se concentre nas imagens e cores que você vê. Talvez seja um céu azul com nuvens brancas e fofas, ou uma água azul-esverdeada. Imagine os cheiros da praia, como a maresia ou o cheiro de protetor solar. Imagine**

o gosto do sal nos lábios e o som das gaivotas ou das ondas se quebrando. Em seguida, sinta o sol quente ou a brisa fresca da praia no rosto. Comece pela esquerda e vasculhe 180 graus para a direita, observando todas as cores e todos os detalhes que você normalmente perderia.

Ioga e alongamento

A ioga e o alongamento permitem que nos centremos e fiquemos ancoradas ao nosso corpo. Quando estamos estressadas ou ansiosas, os músculos tendem a se contrair. Essa resposta do estresse de lutar, fugir ou congelar envia substâncias químicas e oxigênio aos grupos musculares para que possamos reagir a qualquer ameaça. Nosso organismo reage como se estivesse sendo perseguido por um animal selvagem.

Na vida moderna, normalmente não corremos perigo físico ou imediato e não precisamos desses produtos químicos e desse oxigênio adicionais. Quando vivemos em um estado de estresse reprimido, nosso corpo nunca consegue descarregar e liberar essa tensão acumulada. A ioga e o alongamento auxiliam nessa liberação. Durante essas práticas, o foco está na respiração, em estar presente e no movimento suave, não na queima de calorias nem na realização de posições complicadas. Quando alongamos os músculos e nos centramos no nosso corpo, podem surgir sentimentos de relaxamento e rejuvenescimento.

Respiração

Talvez uma das maneiras mais simples, puras e eficazes de praticar o amor-próprio envolva a respiração intencional. Claro que respiramos todos os dias sem pensar nisso. Mas, quando praticamos a respiração como método de controle do estresse, estamos demonstrando o amor-próprio. Conforme aquietamos a mente e nos concentramos na inspiração e na expiração, nosso corpo se enche de oxigênio vital, que é transportado para todo o corpo, até o nível celular. Em relação às nossas emoções, a respiração nos permite entrar em nosso corpo enquanto nos concentramos no momento presente.

Prefiro respirar profundamente pelo diafragma, uma técnica chamada de "respiração abdominal". Ao colocar uma mão no peito e a outra no abdômen, você consegue identificar se está respirando corretamente. A barriga deve se mover para cima e para fora, seguida do tórax. É bem comum, quando estamos estressadas ou em estado de ansiedade, a respiração se tornar superficial e sair do peito. As inspirações e expirações lentas e profundas desencadeiam uma resposta imediata de relaxamento. Para um método ainda mais eficaz, combine uma frase ou um mantra de uma palavra com a respiração profunda. Ao inspirar, pense "Sou boa o suficiente" e, ao expirar, expire todas as crenças e todos os sentimentos negativos.

Práticas adicionais

Outros hábitos simples para conseguir o amor-próprio:

- **Registro em diário:** Pegue caneta e papel e escreva livremente, sem julgamento. Resuma sentimentos e acontecimentos diários.

- **Afirmações de amor-próprio:** Leia ou diga palavras positivas em voz alta todo dia. Incluí muitos exemplos ao longo do livro.

- **Configure o despertador para dez minutos antes de ter que se levantar:** Não olhe para o celular — fique deitada, curta sua cama e conserve pensamentos tranquilos.

- **Abrace-se:** Ao fazer isso, tenha pensamentos amorosos em relação a si mesma, da mesma forma que faria com um amigo querido.

Autoavaliação: Como você demonstra amor-próprio?

Nesta atividade, preencha o coração com as maneiras como você já demonstra amor por si mesma. Pense nas diferentes formas em que isso acontece. A primeira maneira pode ser o fato de você estar lendo este livro de atividades. Se tiver dificuldade para começar, pense nas formas com que demonstra amor pelos outros e veja se alguma delas se aplica a você.

Você pode incluir o seguinte:

1. Demonstre amor ao seu corpo, com alimentos nutritivos, um banho quente e uma boa noite de sono.

2. Envolva-se em atividades agradáveis, como hobbies, estar ao ar livre na natureza ou ler.

3. Reserve um tempo para si mesma, como acordar cedo para tomar uma xícara de café, escrever no diário ou limitar o uso das redes sociais.

Seja seu próprio amor

VAMOS COMEÇAR

Agora que nos preparamos para a nossa viagem na parte **um**, estamos prontos para decolar. A parte **dois** deste livro inclui áreas específicas nas quais você pode se concentrar durante sua jornada ao amor-próprio. Você vai ter oportunidades de praticar, registrar e avaliar a si mesma, além de explorar ainda mais o amor-próprio. Lembre-se de que esse sentimento evolui por meio da prática intencional. Embora possa haver dias em que pareça impossível arranjar tempo ou se sentir motivada, não desista — esses dias costumam ser os mais importantes para prosseguir. Se você encontrar um atalho ou fizer uma pausa, tudo bem. Continue se movendo na direção certa. Lembre-se de que a jornada é mais importante do que chegar a um destino específico. O amor-próprio é um processo em constante evolução.

CONCLUSÃO

Já temos o mapa, o veículo e os suprimentos, agora podemos embarcar na jornada ao amor-próprio. Vamos nos lembrar do que aprendemos até agora. O amor-próprio envolve uma prática com propósito. Requer vulnerabilidade, honestidade e coragem, só não requer que sejamos perfeitas. Em vez disso, amor-próprio significa que precisamos trabalhar para encontrar a nossa voz, a nossa verdade e a nossa autenticidade por meio das práticas de autocompaixão e bondade.

> Eu mereço me amar.

"Você tem se criticado há anos e não funcionou. Tente se aprovar e veja o que acontece."

—LOUISE L. HAY

PARTE DOIS

Ame-se mais

Bem-vinda à segunda parte do nosso livro de atividades. É aqui que começa a diversão, conforme passamos a explorar o que está por vir. Esta parte envolve mergulhar mais fundo na compreensão de si mesma e aprender sobre o seu relacionamento com o amor-próprio por meio de provocações, atividades e prática experiencial.

CAPÍTULO 3

ONDE VOCÊ ESTÁ NESTE CAMINHO?

"Uma jornada de mil quilômetros começa com um único passo."

—LAO-TSÉ

Quando você ouve a expressão amor-próprio, o que vem à sua mente? Para algumas mulheres, é um conceito desconhecido. Outras sofrem para sentir que são dignas de amar a si mesmas. Eventos como traumas na primeira infância e crescimento em ambientes desqualificados podem fazer com que as pessoas internalizem a crença de que seus sentimentos e pensamentos não importam. O simples fato de pensar no amor-próprio desencadeia memórias e emoções desagradáveis do passado. Pode nos fazer lembrar de ocasiões em que não nos sentimos amadas ou em que recebemos mensagens nos dizendo que não éramos boas o suficiente. Essas mensagens podem nos paralisar, interrompendo rapidamente nossos esforços para crescer no amor-próprio. É essencial explorar esses medos e bloqueios mais profundos, pois eles podem colocar barreiras na nossa jornada. Se sentimentos e lembranças fortes forem acionados ao fazer este trabalho, você pode achar necessário entrar em contato com um profissional de saúde psicológica ou procure o apoio de um amigo ou ente querido de confiança.

Neste capítulo, também vamos avaliar em que ponto você está na sua jornada ao amor-próprio e iremos refletir sobre suas perspectivas para este livro. Essas atividades são adaptáveis e podem ser usadas em qualquer ordem que funcione para você.

VAMOS DEFINIR ALGUMAS METAS

1. O que eu gostaria de receber deste livro? (Por exemplo: crescimento pessoal, paz interior, autoconfiança, relacionamentos mais saudáveis.)

2. O que isso vai representar na minha vida? (Por exemplo: "Vou reservar dez minutos todos os dias para praticar alguma forma de amor-próprio".)

3. Quando vou saber que alcancei meus objetivos?

_____

4. Que barreiras (internas e externas) podem estar presentes no caminho da prática do amor-próprio?

_____

5. Quem pode me apoiar na jornada em direção ao amor-próprio? (Pode incluir animais de estimação.)

_____

TESTE PARA APROFUNDAR UM POUCO MAIS

Chegou o momento de saber onde você se encontra em relação ao amor-próprio. Depois de cada afirmação, circule o número que se aplica a você.

0 = nunca   **1** = raramente   **2** = às vezes   **3** = frequentemente
4 = com muita frequência   **5** = sempre

Eu acredito que meus sentimentos são válidos.

0   1   2   3   4   5

Eu acho que minhas necessidades e meus desejos são tão importantes quanto os dos outros.

0   1   2   3   4   5

Eu consigo fazer solicitações ou pedir o que preciso efetivamente.

0   1   2   3   4   5

Eu gosto de passar um tempo sozinha.

0   1   2   3   4   5

Eu consigo listar com facilidade cinco coisas de que gosto em mim.

0   1   2   3   4   5

Eu não digo coisas negativas para mim mesma.

0   1   2   3   4   5

Eu falo comigo mesma como se fosse minha melhor amiga.

0   1   2   3   4   5

Eu gosto de correr riscos e de sair da minha zona de conforto.

0   1   2   3   4   5

Eu consigo tomar decisões das quais outras pessoas podem discordar.

0   1   2   3   4   5

Eu reservo um tempo para fazer exercícios várias vezes por semana.

0   1   2   3   4   5

Eu consumo alimentos que ajudam a nutrir o meu corpo.

0   1   2   3   4   5

Eu experimento coisas diferentes e conheço novas pessoas.

0   1   2   3   4   5

Eu não me importo se alguém discordar de mim.

0   1   2   3   4   5

Eu me sentiria à vontade no cinema ou comendo em um restaurante sozinha.

0   1   2   3   4   5

> **Pontuação:**
> Analise sua resposta às afirmações do questionário. Observe quais números você mais escolheu. Você tem mais números baixos (0–2) ou números altos (3–5)? Em quais áreas você se sente bem? Vê algum padrão ou áreas específicas que poderia desenvolver, melhorar ou se concentrar ao longo deste livro?

PLAYLIST DE PODER PARA AS MULHERES

No passado, eu adorava fazer coletâneas com as minhas músicas preferidas. Lembro-me de uma fita (sim, fita cassete) que nomeei "Poder para as mulheres". Por que não fazer sua própria playlist que inspira amor-próprio? Experimente tocar as músicas de fundo enquanto faz o livro de atividades ou quando precisar de um estímulo. A música pode ser uma ferramenta poderosa para inspirá-la. Veja algumas músicas que podem ser incluídas na sua playlist:

"I Will Survive", de Gloria Gaynor

"Fight Song", de Rachel Platten

"Girl on Fire", de Alicia Keys

"I'm Every Woman", de Chaka Khan

"Respect", de Aretha Franklin

"Beautiful", de Christina Aguilera

"Just Fine", de Mary J. Blige

"Born this Way", de Lady Gaga

"Juice" e "Good as Hell", de Lizzo

"9 to 5", de Dolly Parton

Escreva algumas músicas para sua playlist de poder.

1. _____

2. _____

3. _____

4. _____

5. _____

6. _____

7. _____

AFIRME SEU AMOR-PRÓPRIO

Afirmações podem ser uma excelente ferramenta para treinar os pensamentos positivos. Elas funcionam melhor quando são simples e causam empatia. Pode ser estranho dizê-las no começo, mas, com a prática, você vai fixando a mensagem na sua mente. O que você diz se torna verdade. Olhe no espelho todos os dias e diga pelo menos uma afirmação em voz alta. Escrevi alguns exemplos para você usar, mas pode acrescentar afirmações personalizadas.

Eu sou digna de amor e pertencimento.

Amar a mim mesma é tão importante quanto amar outras pessoas.

Não há problema em pedir as coisas de que preciso e que desejo.

Meus sentimentos são válidos. Não existe jeito certo ou errado de sentir.

Eu posso ter minhas necessidades atendidas e não me sentir egoísta.

_____

_____

_____

_____

_____

SENTINDO-SE SEM VALOR

Lembre-se da primeira vez em que você sofreu por se sentir sem valor. Descreva sua experiência no espaço reservado para isso.

DÊ FORMA À SUA EXPERIÊNCIA

Está se sentindo criativa? Aproveite que acabou de escrever sobre a primeira vez que se sentiu sem valor e expresse esse sentimento em forma de desenho. Você pode usar a caixa abaixo.

O AMOR-PRÓPRIO ACONTECE

Descreva uma ocasião recente em que você experimentou o amor-próprio. O que estava acontecendo? Que pensamentos teve em relação a si mesma? Qual foi a sensação de ter esses sentimentos positivos em relação a você mesma?

_____

_____

_____

_____

_____

_____

_____

_____

_____

_____

_____

_____

_____

_____

_____

UMA MENSAGEM PARA O SEU EU MAIS JOVEM

Se você tivesse que falar com uma versão mais jovem de si mesma, o que lhe diria? Você falaria para ela não se preocupar tanto com o que todo mundo pensa e se concentrar mais nas coisas que importam? Escreva no balão de conversa as coisas que você diria.

VOZ CRÍTICA INTERNALIZADA

Compartilhe todas as crenças negativas que você tenha internalizado e que dificultam a prática do amor-próprio. Essas crenças podem vir da infância, da sua família, de mensagens da sociedade e até de relacionamentos afetivos que você já teve. Escreva cada crença nas nuvens.

Por exemplo: "Se eu não conseguir a promoção no trabalho, não sou boa o suficiente".

CINCO MENSAGENS POSITIVAS

No espaço abaixo, escreva cinco mensagens positivas que você recebeu de outras pessoas. Podem ser afirmações que tenham ajudado você a se sentir mais confiante ou valorizada, em que você pode nem mesmo ter acreditado. Embora não seja necessário acreditar totalmente nelas neste ponto, talvez essas mensagens possam servir como um incentivo para encontrar a sua autovalorização. Se tiver dificuldades com esta atividade, sinta-se à vontade para pedir a um amigo ou ente querido que compartilhe o que ele considera ser suas características positivas.

1. _____

_____

_____

2. _____

_____

_____

3. _____

_____

_____

4. _____

_____

_____

5. _____

_____

RECONHEÇA SUAS INSEGURANÇAS

Que tipo de situação faz com que seja difícil você se sentir bem consigo mesma? Pinte as principais e acrescente seus exemplos nos espaços em branco.

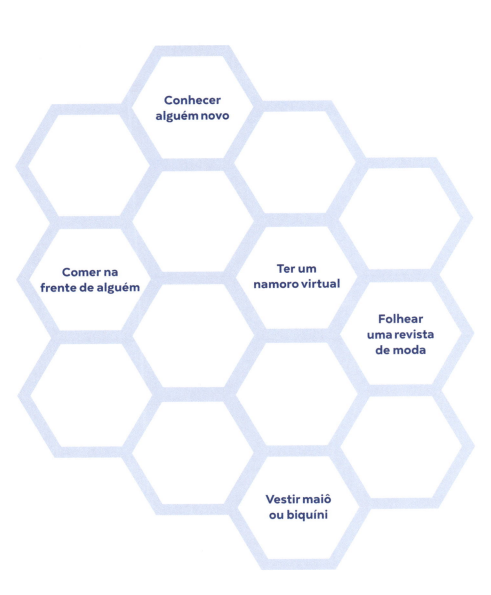

OBSTÁCULOS PARA AMAR A SI MESMA

Como sociedade, temos dado grandes passos no âmbito da igualdade, em parte graças ao movimento feminista. Ainda assim, as mensagens sociais continuam a impactar nossa autovalorização. Pense em como você se sente depois de ver anúncios em revistas, modelos retocadas e a representação de mulheres em filmes, videoclipes e até mesmo em brinquedos, como as bonecas Barbie. Liste algumas mensagens de pressão que você recebe de crenças sociais e de padrões estabelecidos para as mulheres.

Por exemplo: Uma mulher deve ter boa aparência o tempo todo.

Por exemplo: Rugas e celulite não são atraentes.

1. _____

_____

2. _____

_____

3. _____

_____

4. _____

_____

5. _____

_____

6. _____

_____

Onde você está neste caminho?

TRISTEZA AO VESTIR MAIÔ OU BIQUÍNI

Feche os olhos e veja a si mesma de maiô ou biquíni na piscina ou na praia. Como você se sente em relação ao seu corpo? Você se sente tentada a se comparar com as outras pessoas? Que partes do seu corpo a deixam constrangida? Que partes você ama? Use o espaço abaixo para compartilhar seus sentimentos e pensamentos em relação ao seu corpo e como você o valoriza.

_____

_____

_____

_____

Mude o foco da sua atenção

A imagem corporal é um poderoso influenciador de como nos sentimos em relação a nós mesmas, mas você pode aprender a aceitar e até a amar o seu corpo. Aqui está um método simples para mudar o foco dos seus pensamentos. Esteja você na praia ou na piscina, concentre sua energia na experiência — que pode envolver dar uns mergulhos, ler, procurar conchas ou ganhar dos seus filhos no frescobol. Em vez de se concentrar no seu corpo, preste atenção à experiência sensorial e a todas as maneiras divertidas de movimentar o seu corpo e curtir o ambiente. Pense em outros lugares ou situações que geram sentimentos de insegurança. Tente mudar o foco da sua atenção para a experiência sensorial para conseguir viver plenamente naquele momento e afastar a vergonha de si mesma.

CONHEÇA A SI MESMA

Parte do trabalho do amor-próprio envolve conhecer verdadeiramente a si mesma, na sua pura essência — compreender os seus valores e o que é importante para você. No espaço abaixo, escreva palavras, faça desenhos ou até mesmo recorte e cole fotos e letras que tragam alegria, paz, curiosidade e emoção à sua vida. Pense em hobbies, estações do ano preferidas, lembranças de bons tempos etc. Como bônus, você vai ter uma percepção melhor e uma representação visual do que a torna única.

PONTOS FORTES, DONS E TALENTOS

Parte do amor-próprio envolve reconhecer nossos pontos fortes, dons e talentos inerentes. Faça uma lista de pelo menos cinco características que você tem. Não liste apenas os papéis que desempenha na vida, como mãe, amiga, filha, esposa, namorada etc. Em vez disso, pense no que a torna valiosa nessas funções e, mais importante, como indivíduo. De quais características você tem mais orgulho? Por exemplo, pense no seu senso de humor, em como você é trabalhadora ou na sua capacidade de se conectar com as pessoas ao redor.

1. _____
   _____

2. _____
   _____

3. _____
   _____

4. _____
   _____

5. _____
   _____

6. _____
   _____

7. _____
   _____

O QUE ME MOTIVA?

Pode parecer desafiador se manter motivada quando você está começando uma coisa nova. Para fazer esta atividade, compartilhe o que motiva você a querer se amar mais. Mantenha essa lista à mão para quando tiver um dia difícil ou quiser desistir de terminar este livro.

INVENTÁRIO DE PERSONALIDADE

Um componente transformador da prática do amor-próprio é aprender mais sobre si mesma. Se você prefere ficar sozinha a ir a festas, se prefere malhar em casa a fazer uma aula na academia ou se tem outras características que mais se destacam, saiba que sua personalidade é seu maior triunfo — por isso, abrace-a. Depois que aprendi sobre o meu tipo de personalidade, meu amor-próprio se fortaleceu. Agora aceito meu jeito sem julgamento, e você também pode fazer isso. Dê uma olhada nas sugestões no fim do livro (página 181) para saber os sites nos quais você pode descobrir seu tipo de personalidade. Registre os resultados aqui.

Meus resultados:

_____

_____

Meu tipo de eneagrama: _____

_____

UMA MEDITAÇÃO GUIADA PARA A CURA

Vamos curtir uma meditação guiada que foca no amor-próprio.

1. Sente-se confortavelmente em um lugar tranquilo e permita-se notar sua respiração. Inspire devagar, contando até quatro, prenda a respiração, contando até quatro, e expire, contando até quatro.

2. Repita isso várias vezes e permita que seu corpo fique mais tranquilo. Sinta-se à vontade para mudar de posição para ficar mais confortável.

3. Agora, imagine uma cor que você ache calmante e relaxante. Imagine-se inalando essa cor pelo nariz, como uma névoa. Deixe essa névoa colorida girar por todo seu corpo, começando pela cabeça.

4. Permita que a névoa desça pelo seu peito e por todo o seu interior. Deixe a névoa percorrer os membros, até os dedos da mão e do pé. Permita que a névoa colorida ressoe e vibre em cada parte minúscula do seu corpo, banhando você com uma luz de cura e amor.

5. Imagine essa névoa girando ao seu redor e se acomodando no seu coração conforme a cor dela fique mais concentrada. Sinta o calor dela e permita que essa névoa a envolva no amor-próprio e na cura. Observe agora como é essa sensação.

6. Continue essa respiração por alguns minutos ou pelo tempo que desejar.

ALGUMAS DAS MINHAS COISAS PREFERIDAS

Parte de amar a si mesma é saber do que você gosta e do que não gosta. Vamos fazer uma lista atual das suas coisas preferidas.

Doce preferido: _____

Bebida preferida: _____

Esporte preferido: _____

Lugar preferido: _____

Pessoa preferida: _____

Hobby preferido: _____

Hora preferida do dia: _____

Aperitivo salgado preferido: _____

Livro preferido: _____

Filme ou programa de TV preferido: _____

Lembretes com post-its

Escreva cinco mensagens em post-its que podem ajudá-la a lembrar do seu valor. Coloque esses bilhetes no espelho ou em um lugar onde os veja sempre que precisar de um lembrete da sua autovalorização. Aqui estão algumas ideias:

- Eu sou digna de amor e pertencimento.

- Estou aprendendo a me amar todos os dias.

- O amor-próprio é uma jornada. Eu estou pronta para começar agora mesmo.

- Eu posso aprender sobre o amor-próprio prestando mais atenção ao que realmente considero importante.

- Meus sentimentos e meus pensamentos são muito importantes.

CONCLUSÃO

Nesse momento, tenho certeza de que você já percebeu que o amor-próprio exige tempo e esforço. Mas, com esse trabalho, vem o potencial para incríveis mudanças de vida. Ao completar as atividades deste livro, você vai entender melhor o que significa amor-próprio e em quais áreas poderia evoluir mais. Parte da prática do amor-próprio envolve apreciação e gratidão. Ao iniciarmos a próxima seção, tente dizer a si mesma como você está orgulhosa de si por ter iniciado esta jornada. Depois de fazer isso, comece o próximo capítulo sobre autocompaixão com uma mentalidade positiva.

> Eu me amo de todo o coração, com defeitos e tudo.

CAPÍTULO 4

ENCONTRE A AUTO-COMPAIXÃO

"Sempre que percebo alguma coisa em mim da qual não gosto, ou sempre que alguma coisa dá errado na minha vida, repito em silêncio as seguintes frases: Este é um momento de sofrimento. O sofrimento faz parte da vida. Que eu seja gentil comigo mesma neste momento. Que eu possa dispensar a mim mesma a compaixão de que preciso."

—KRISTIN NEFF

Autocompaixão gira em torno da prática da bondade e do respeito por nós. Também requer abertura e vulnerabilidade para reconhecer traumas ou erros e lidar com emoções difíceis, como raiva, mágoa e tristeza.

É essencial diferenciar autocompaixão de autoestima. Muitas vezes, conforme passamos pelas experiências da vida, aprendemos a nos concentrar em nos sentir bem conosco com base nas nossas realizações e características positivas. No entanto, em momentos de sofrimento, a autocompaixão ofusca a autoestima. Com o sentimento de pena, nosso valor não depende do resultado. Uma resposta de autocompaixão atravessa crenças extremas, normaliza a emoção e oferece encorajamento no meio da decepção.

O QUE EU DIRIA A UMA AMIGA?

Mensagens internalizadas de eventos traumáticos ou feridas da infância podem contribuir para sentimentos de indignidade, tornando a prática da autocompaixão um desafio. A maneira mais rápida de criar uma resposta envolve pensar em como você falaria com uma amiga querida. Nas seguintes situações, escreva o que você diria a uma pessoa de que gosta para ajudá-la a se sentir melhor.

1. Acabei de ser demitida do meu emprego por cometer um erro.

_____

_____

2. Meu namorado terminou comigo.

_____

_____

3. Não fui contratada para o emprego dos meus sonhos porque era subqualificada.

_____

_____

4. Meus amigos deram uma festa e não me convidaram.

_____

_____

5. Precisei aumentar o tamanho da minha roupa.

_____

_____

LIMPEZA NAS REDES SOCIAIS

Já percebeu como se sente em relação a si mesma depois de navegar pelas redes sociais? Muitas de nós nos sentimos piores após entrar no Facebook ou no Instagram. Essa mudança na autovalorização pode vir da nossa comparação com outras pessoas. Liste suas contas em redes sociais e faça as seguintes perguntas a si mesma: "Eu me sinto empoderada, boa o suficiente e feliz depois de navegar por essa mídia social?". Faça algumas anotações sobre como cada uma dessas redes faz você se sentir e risque todas que a fazem se sentir mal. Considere ajustar os feeds ou deixar de seguir pessoas para permitir apenas imagens e mensagens que inspirem e fortaleçam. Essa ação pode se tornar um grande passo para praticar e descobrir o amor-próprio.

1.

2.

3.

4.

5.

RESPOSTAS COMPASSIVAS

Parte da autocompaixão envolve desafiar crenças negativas e silenciar sua crítica interior. Para cada uma das seguintes afirmações negativas, veja se consegue fazer uma autoafirmação gentil e bondosa.

Eu nunca sou boa o suficiente. _____

_____

Ninguém nunca vai me amar. _____

_____

Eu não consigo fazer nada certo. _____

_____

Eu sou muito burra. _____

_____

Por que não consigo fazer isso direito? _____

_____

Eu sou um fracasso. _____

_____

UMA CARTA PARA MEU EU MAIS JOVEM

Pense em uma época em que você sofreu ou enfrentou o fracasso de alguma forma. Pode ter sido o fim de um relacionamento ou não ter conseguido o emprego que queria. Preencha esta carta de autocompaixão para si mesma.

Cara _____ ,
(SEU NOME AQUI)

Espero que você saiba que, quando _____
(INSERIR SITUAÇÃO)

_____ ,

eu estava no canto torcendo por você. As pessoas às vezes passam por

momentos difíceis, e essa época foi difícil porque _____
(DESCREVA AQUI O QUE FOI DIFÍCIL)

_____ **. É comum e normal se sentir** _____ **.**
(DIGA COMO SE SENTIU NA ÉPOCA)

Eu quero que saiba que está tudo bem, porque _____
(POR QUE ISSO VAI FICAR BEM?)

_____

_____ **. Às vezes você é muito dura consigo mesma.**

Sei que você vai superar isso, porque _____
(DESCREVA COMO VOCÊ PASSOU POR ISSO)

_____

_____ **. Nunca se esqueça das suas**

qualidades incríveis, como _____
(LISTE SUAS QUALIDADES INCRÍVEIS. VEJA UM LEMBRETE NA PÁGINA 55)

_____

_____ **.**

Eu te amo e sei que vai superar isso.

Com carinho,

_____
(SEU NOME AQUI)

A PRÁTICA LEVA À PERMANÊNCIA (NÃO À PERFEIÇÃO)

A autocompaixão e a bondade podem ajudar muito quando você está aprendendo uma coisa nova, como andar de bicicleta, dirigir um carro ou cozinhar um novo prato. É normal cometer erros, e saiba que continuar tentando faz parte do processo de aprendizagem. Pense em uma ocasião em que você tentou fazer uma coisa nova. O que disse a si mesma para se encorajar a não desistir? O que você fez para melhorar?

UMA MEDITAÇÃO PARA LIDAR COM SENTIMENTOS DESAGRADÁVEIS

Algumas emoções podem ser desagradáveis e difíceis de vivenciar. Muitas vezes, tentamos fazer com que elas desapareçam ou dizemos a nós mesmas que não devemos tê-las. Infelizmente, reprimir sentimentos pode levar a muitos outros dilemas, incluindo problemas de saúde, desafios de relacionamento e comportamentos entorpecentes. Parte da autocompaixão envolve se permitir vivenciar toda a gama de emoções. Por isso, para esta atividade:

1. Feche os olhos.

2. Pratique a respiração consciente.

3. Permita-se ficar mais calma a cada inspiração e expiração.

4. Observe todas as sensações desagradáveis que você viveu recentemente. Pode incluir vergonha, medo, tédio, rejeição etc.

5. Pense em onde você percebe essa emoção no corpo.

6. Quando encontrar essa emoção, lembre-se delicadamente de que seus sentimentos são naturais e que não há nada de errado em ter compaixão por eles.

7. Quando estiver pronta, respire fundo e abra os olhos.

ESTAMOS TODAS JUNTAS NESSA

A dra. Kristin Neff é uma importante psicóloga e especialista em autocompaixão. Parte de sua pesquisa envolve a identificação de um componente essencial desse sentimento. Ela explica que o sofrimento faz parte da condição humana. Todos nós sofremos e lutamos, e isso contribui para um senso de humanidade. Esta atividade pode nos ajudar a perceber que não estamos sozinhas em nossos desafios. Circule as lutas e os desafios que você enfrentou até agora na vida.

Morte de um ente querido

Passar por um grande constrangimento

Quebrar uma coisa importante

Ir mal em uma prova

Perder uma amizade

Quarentena por causa de uma pandemia

Sentir-se excluída

Perder uma coisa valiosa (como a sua bolsa)

Ficar sozinha

Terminar um relacionamento

Ganhar peso

FALE COM SI MESMA DE FORMA GENTIL

As crianças são maravilhosas, inocentes e puras. Já pensou na maneira como você conversa elas? Pare e pense nisso — você nunca falaria com uma da forma como às vezes fala consigo própria. Nesta atividade, anote algumas declarações comuns de conversas internas e veja se consegue adaptá-las para parecerem mais compassivas, como se você fosse falar com uma criança.

Exemplo: Eu sou uma idiota. (Depois de deixar o celular cair.)

Resposta: Está tudo bem, não quebrou. Tenho certeza de que não sou a primeira pessoa que deixou o celular cair.

Declaração: _____

_____

_____

Resposta: _____

_____

_____

Declaração: _____

_____

_____

Resposta: _____

_____

_____

Encontre a autocompaixão **75**

MANTRAS DE AUTOCOMPAIXÃO

Algumas afirmações podem ajudar a reforçar esse sentimento dentro de você. Veja quais das afirmações abaixo fazem sentido para você. Tente dizê-las todos os dias ou fixá-las onde você possa ler sempre. Sinta-se à vontade para acrescentar as suas nas linhas a seguir.

- Eu estou fazendo o melhor que posso, e isso é o suficiente.
- Eu sou digna de valor, mesmo quando estou sofrendo.
- Eu posso me permitir sentir todas as emoções, mesmo as desagradáveis.
- Meus sentimentos não são bons nem ruins. Eles simplesmente são.
- Meus pensamentos são só pensamentos.
- Eu posso cometer erros. Eles são parte do crescimento e do aprendizado.
- Eu presto atenção ao meu corpo e a como ele se sente.
- Eu estou aprendendo e crescendo a cada dia.
- O que é importante para mim pode ser diferente do que é importante para outra pessoa. E tudo bem.
- Eu consigo aceitar que nem todo mundo gosta de mim.

AUTOESTIMA X AUTOCOMPAIXÃO

Falamos anteriormente sobre as diferenças que existem entre autocompaixão e autoestima. A autocompaixão permite que sejamos gentis conosco mesmo quando sofremos, enquanto a autoestima reflete como nos sentimos em relação a nós mesmas e às nossas realizações.

Se você olhasse para um gráfico comparando as duas coisas, sua autocompaixão permaneceria estável, apesar das circunstâncias, enquanto a autoestima subiria e desceria, dependendo de como seu ego se sentisse. Pense nas diferenças em cada situação proposta e observe como as respostas de autocompaixão são mais úteis.

Exemplo: Recebi um aumento.
Resposta de autocompaixão: Trabalhei muito para isso e mereço.
Resposta de autoestima: Sou o máximo. Todo mundo vai saber que sou ótima!

Eu me esqueci de uma reunião importante

Resposta de autocompaixão: _____

Resposta de autoestima: _____

Fui convidada para um encontro romântico

Resposta de autocompaixão: _____

Resposta de autoestima: _____

Uma amiga recusou meu convite

Resposta de autocompaixão: _____

Resposta de autoestima: _____

COMO VOCÊ CHEGOU AQUI

O clássico livro infantil *O coelhinho de veludo*, de Margery Williams Bianco, contém um diálogo no qual o cavalo Skin compartilha o que significa ser "real" em sua visão. Ele descreve para o coelho como foi deteriorado pelo seu dono (a criança) e diz que não se importa em ficar assim, mesmo que isso signifique que seus olhos caiam ou que seu pelo fique gasto por causa do carinho que recebe.

Sempre adorei essa metáfora. Ao viver e sobreviver à vida, até mesmo aos eventos dolorosos e ao sofrimento, nos tornamos mais bonitas, mais fortes e mais completas. Essa passagem também é verdadeira para a autocompaixão. No espaço abaixo, compartilhe situações positivas e situações desafiadoras que moldaram seu jeito de ser e lhe ensinaram mais sobre ser uma pessoa real.

Situações positivas

Situações desafiadoras

TESTE DE AUTOCOMPAIXÃO

Responda às seguintes perguntas com verdadeiro ou falso, circulando a mais próxima do seu jeito de pensar.

1. **Eu me permito cometer erros e os vejo como oportunidades de aprendizagem.**

   Verdadeiro   Falso

2. **Eu me permito vivenciar todas as emoções.**

   Verdadeiro   Falso

3. **Quando estou sozinha, pioro as coisas e digo a mim mesma que ninguém gosta de mim.**

   Verdadeiro   Falso

4. **Falar de um jeito duro comigo mesma é um jeito eficaz de me motivar a fazer melhor.**

   Verdadeiro   Falso

5. **Quando eu fracasso, acredito que não sou boa o suficiente.**

   Verdadeiro   Falso

6. **A luta e o sofrimento são sentimentos que fazem parte da experiência humana.**

   Verdadeiro   Falso

7. **Eu me puno por cometer erros.**

   Verdadeiro   Falso

8. **Preciso ser perfeita para ser amada ou para ser boa o suficiente.**

   Verdadeiro   Falso

9. **Sou tão gentil comigo mesma quanto com as outras pessoas.**

Verdadeiro   Falso

10. **Tenho tendência a reagir de forma exagerada aos meus sentimentos e a exagerar na minha resposta para obter validação.**

Verdadeiro   Falso

Pontuação

Dê a si mesma **5 pontos** para cada vez que responder **VERDADEIRO** nas questões **1**, **2**, **6** e **9**. Dê a si mesma **5 pontos** para cada vez que responder **FALSO** nas questões **3**, **4**, **5**, **7**, **8** e **10**.

90–100: Você é a rainha da autocompaixão! Mantenha o fantástico trabalho de se amar e ser gentil consigo mesma.

80–90: Continue! Você está no caminho certo para praticar a autocompaixão todos os dias.

70–80: Continue a se desafiar a ser mais gentil e corajosa consigo mesma.

60–70: Continue aprendendo e lembre-se de que todos sofrem em tempos difíceis. Essa compreensão é um aspecto essencial da prática da autocompaixão.

50–60: Continue praticando. A autocompaixão pode ser um novo jeito de experimentar a vida. Permita-se perceber seus sentimentos e falar consigo mesma de um jeito gentil e amoroso.

0–50: Vamos tentar ter um pouco mais de autocompaixão agora mesmo! Você está dando passos para crescer e se tornar mais amorosa e compassiva. Lembre-se de que os três componentes envolvem ser gentil consigo mesma, reconhecer que o sofrimento é humano e praticar a atenção plena.

LIÇÕES MAIS DIFÍCEIS

Quais situações e experiências que você enfrentou foram desafiadoras na hora de demonstrar autocompaixão? Compartilhe uma experiência e descreva o que a ajudou a superar e atravessar os momentos difíceis.

_____

_____

_____

_____

Truque da mudança de voz

Nos dias em que você estiver se sentindo mal ou sofrendo para encontrar qualquer indício de autocompaixão, tenho um truque secreto que pode ajudá-la. Criei essa técnica em uma sessão de terapia e devo admitir que eu mesma a uso agora. Tenho um aplicativo de troca de voz no celular que permite gravar uma declaração e, em seguida, reproduzi-la em diferentes tipos de voz. Primeiro, gravo a minha voz fazendo a declaração negativa de conversa interna. Por exemplo: "Eu não sou boa o suficiente". Depois, toco o áudio várias vezes usando vozes diferentes. É um ótimo jeito de desarmar o pensamento negativo e ficar menos presa ao significado. Minhas vozes preferidas são a do robô, a do alienígena e a do esquilo. Como alternativa, você pode simplesmente usar a sua própria voz e fazer essas afirmações de maneira engraçada — tente dizê-las como um robô ou até mesmo como o Mickey Mouse! É difícil ficar tão séria e negativa quando uma coisa faz você rir ou sorrir.

Encontre a autocompaixão **81**

PERMITA SEUS SENTIMENTOS

A atenção plena pode nos ajudar a trabalhar o sentimento de autocompaixão. Como já discutimos, atenção plena significa observar o momento presente sem fazer nenhum tipo de julgamento. O julgamento ocorre quando dizemos a nós mesmas que o que estamos fazendo ou sentindo é certo ou errado, bom ou ruim.

Algumas emoções podem ser opressivas ou muito desagradáveis, fazendo com que queiramos reprimir as sensações. Uma excelente maneira de praticar a percepção de emoções é reconhecendo primeiro as alterações físicas que ocorrem no nosso corpo em conjunto com os diferentes sentimentos daquele momento.

Exemplo: Raiva: sinto meu corpo ficar tenso, meu rosto esquenta e aperto os dentes.

Tristeza: _____

_____

Medo: _____

_____

Alegria: _____

_____

Repulsa: _____

_____

Surpresa: _____

_____

SINTA SEUS SENTIMENTOS

Os sentimentos não são bons nem ruins. Eles são como as ondas do oceano — vêm e vão. No entanto, quando tentamos lutar contra eles, pode parecer até um afogamento. Em vez disso, tente surfar nos seus sentimentos ou boiar neles. Esses sentimentos vão passar, e outros novos virão. Liste todos os sentimentos que você já experimentou até hoje e pense na forma como eles vieram e se foram.

PERFEITAMENTE IMPERFEITA

Como seres humanos, somos imperfeitos e falhamos em diferentes situações. A aceitação dessa crença é um componente essencial para começar a compreender e a praticar a autocompaixão.

Depois que estabelecemos a plena consciência e aprendemos a vivenciar nossos sentimentos e pensamentos sem julgar, a autocompaixão vai ainda mais longe. Esse sentimento requer gentileza genuína e muita aceitação de nossas falhas e imperfeições com graciosidade e compaixão, não só de forma consciente.

Faça uma lista com cinco características que você considera ser imperfeitas. Na coluna ao lado, lembre-se de que você é uma mulher perfeitamente imperfeita e escreva uma mensagem positiva a si mesma.

Exemplo: Sou bagunceira e deixo tudo espalhado.

Tudo bem se você for bagunceira.

1. _____

1. _____

_____

_____

2. _____

2. _____

_____

_____

3. _____

3. _____

_____

_____

4. _____

4. _____

_____

_____

5. _____

5. _____

_____

_____

ABRACE O HUMOR

O humor pode ser um jeito excelente de neutralizar e deixar de lado a conversa interna negativa. No quadrado em branco, faça um meme ou uma caricatura sobre como você tem autocompaixão. Pode usar uma imagem de revista ou você mesma pode desenhar, se preferir. Às vezes, um pouco de humor pode tornar mais leves situações muito pesadas.

DEIXE OS PENSAMENTOS NEGATIVOS BEM LONGE

Não seria bom se pudéssemos apagar os pensamentos negativos? Talvez seja possível fazer isso. Pense nas palavras como balões que você pode deixar flutuar para fora da mente. Diga a si mesma: "Lá vem aquela palavra negativa". Apenas a observe e a deixe ir. Agora, pense em uma afirmação como "Não sou boa o suficiente", e analise as vozes críticas internalizadas.

Dicas de autocompaixão

Além do que exploramos neste capítulo, aqui estão mais algumas dicas para abraçar a autocompaixão quando você precisar dela:

- Quando sentir que a conversa interna negativa está chegando, dê um forte abraço em si mesma.
- Diga a você o que diria a uma boa amiga.
- Dê um tempo para si mesma — afaste-se do que está fazendo. Vá para outro lugar, como a natureza, relaxe o corpo e respire.
- Encha um pote com mensagens que a façam se lembrar de que você é maravilhosa. Retire-as quando achar necessário. Da mesma forma, anote as afirmações da conversa interna negativa e, em seguida, jogue-as fora, em um gesto de libertação.
- Procure as pessoas e os animais de estimação que a façam se sentir bem.
- Dê um tempo das redes sociais e se desconecte dos aparelhos eletrônicos. Acalme o seu mundo e reflita sobre o que está ao seu redor.
- Faça alguma coisa só por diversão. Crie, cozinhe, pinte, escreva, use seus lápis de cor — qualquer coisa que a anime.

CONCLUSÃO

Espero que este capítulo tenha sido produtivo e repleto de ferramentas que você possa usar para alcançar a autocompaixão. Navegar por lugares vulneráveis e desagradáveis, especialmente do nosso passado, pode ser desafiador. Ao acrescentar a autocompaixão à mistura, mudamos o jogo drasticamente. Não importa quais obstáculos e atalhos surjam no caminho, a autocompaixão nos permite continuar seguindo em frente. No próximo capítulo, vamos explorar a insegurança e aquelas vozes internas desagradáveis que nos levam a não acreditar em nós mesmas. A autocompaixão certamente será útil na próxima etapa da nossa jornada.

> Amar a mim mesma significa abraçar os meus erros e aprender com eles.

CAPÍTULO 5

LIBERTE SUAS INSEGURANÇAS E DÚVIDAS

"O futuro pertence àqueles que acreditam na beleza dos seus sonhos."

—ELEANOR ROOSEVELT

À s vezes, nosso adversário vive na nossa mente. Ao reproduzir desafios e eventos passados, a cabeça fica cheia de insegurança. O problema está nesses padrões de pensamento que nos levam a autossabotar nossos relacionamentos, nossos comportamentos e nossas realizações pessoais.

Neste capítulo, vamos estabelecer uma base sólida sobre como construir a autovalorização. O primeiro passo requer maneiras de liberar as crenças internalizadas e limitantes relacionadas a eventos passados. Ao cultivar o amor-próprio, é essencial desprender os pensamentos negativos sobre nós mesmas. Estas atividades vão ajudá-la a obter consciência sobre a origem do amor-próprio, além de dicas e exercícios para se livrar das crenças limitantes.

TESTE DE AUTODÚVIDA

Responda as afirmações com verdadeiro ou falso para ver como a insegurança limita a sua vida. Some dez pontos toda vez que responder "verdadeiro".

1. **Não gosto de tentar uma coisa nova a menos que eu seja boa nela.**

   Verdadeiro   Falso

2. **Muitas vezes, tenho medo de cometer erros.**

   Verdadeiro   Falso

3. **Muitas vezes, acredito que não sou boa o suficiente.**

   Verdadeiro   Falso

4. **Tenho medo de sair da minha zona de conforto.**

   Verdadeiro   Falso

5. **Acredito que outras pessoas não vão gostar de mim.**

   Verdadeiro   Falso

6. **Repasso as conversas e penso nas coisas que poderia ter dito melhor.**

Verdadeiro   Falso

7. **Não gosto de experimentar coisas novas.**

Verdadeiro   Falso

8. **Eu me preocupo com o que os outros vão pensar de mim.**

Verdadeiro   Falso

9. **Acredito que falhei muitas vezes.**

Verdadeiro   Falso

10. **Tenho pensamentos catastróficos que começam com "E se...".**

Verdadeiro   Falso

Pontuação

0–40: Você fez um trabalho fantástico em se tratar com gentileza e se encorajar. Seu mundo é um lugar melhor porque você vive de maneira plena e sincera.

40–60: Existem algumas situações em que você luta para se sentir valorizada, e, em outras, você se sente à vontade consigo mesma. Continue desafiando sua voz interior.

60–80: Muitas vezes, você se abstém de viver plenamente por causa de medos e inseguranças. Continue trabalhando para conquistar as coisas que você merece.

80–100: Você está no caminho certo lendo este livro. É ótimo que esteja reconhecendo como pode ser crucial vencer a insegurança para melhorar a si mesma e a sua vida.

BALÃO DE PENSAMENTO DA INSEGURANÇA

Pense em uma situação que lhe traga a sensação de incerteza. Talvez seja fazer uma apresentação em público, participar de um jogo ou ir ao primeiro encontro. Observe o que pode vir à mente e registre no balão de pensamento. Depois de identificar o pensamento negativo, tente não se concentrar no fato de ser verdadeiro ou falso, mas, sim, se é útil para sua jornada ao amor-próprio. Se não for, tente criar uma nova visão que apoie o amor-próprio e a bondade. Pratique falar essa nova visão para si mesma em voz alta, cinco vezes.

LEMBRANÇAS POSITIVAS

Pense em uma época da vida em que você se sentiu confiante e segura consigo mesma. No espaço abaixo, descreva a situação e o que você vivenciou. Lembre-se de como foi a sensação no corpo e de como se apresentou para o mundo exterior. O que havia nessa situação que a ajudou a se sentir confiante e segura?

ACABANDO COM OS "E SE…"

A maioria das preocupações começa com a expressão "e se". A insegurança nos apresenta crenças semelhantes. "E se eu parecer burra? E se eu fracassar? E se eu não conseguir o emprego?" Na próxima vez em que você pensar "e se", tente completar a frase com o oposto do seu medo. Observe como esse pensamento inverso leva a sentimentos mais positivos. Se você sofrer para acreditar no oposto, tente, pelo menos, encontrar uma resposta neutra. Complete as declarações que começam com "e se" usando esse método de pensamento inverso.

Exemplo: E se eu fracassar?   **E se eu tiver sucesso?**

E se eu perder?_____   **E se…** _____
_____   _____

E se eles não gostarem de mim?   **E se…** _____
_____   _____
_____   _____

E se eu não for bonita o suficiente?   **E se…** _____
_____   _____
_____   _____

E se eu parecer ou soar burra?   **E se…** _____
_____   _____
_____   _____

E se… _____   **E se…** _____
_____   _____

A LINGUAGEM CORPORAL FAZ DIFERENÇA

Imagine qual é a postura de uma pessoa que se sente confiante e segura. O que você percebe? Agora, imagine uma pessoa que se sente insegura. Que diferença você nota entre as duas? A atividade proposta pode ajudá-la a considerar como a linguagem corporal tende a afetar nossos sentimentos em relação a nós mesmas. Até quando não estiver se sentindo confiante, você pode respirar fundo, firmar os pés no chão, endireitar as costas, deixar os braços relaxados ao lado do corpo e suavizar os músculos faciais. Tente ficar em pé de forma ereta, e os sentimentos vão aparecer. Depois de assumir uma postura confiante, anote os três marcadores corporais de segurança que pareçam mais naturais para você. Depois, liste alguns marcadores corporais de insegurança.

Linguagem corporal de confiança

_____

_____

_____

_____

_____

_____

_____

_____

Linguagem corporal de insegurança

_____

_____

_____

_____

_____

_____

_____

_____

MEUS MOMENTOS DE MAIOR ORGULHO

Na atividade a seguir, liste suas cinco principais realizações ou as coisas que mais lhe deram orgulho no ano passado. Não precisa ser itens que os outros considere-ram sucesso. Pense em tudo que a deixa orgulhosa, incluindo superar uma situação desafiadora. Esses pequenos triunfos e vitórias costumam ser ótimas recompensas.

1. _____

2. _____

3. _____

4. _____

5. _____

MINHA EQUIPE DE LÍDERES DE TORCIDA

Às vezes, ao longa da vida, é importante ter uma equipe de líderes de torcida repleta de pessoas que nos amam e nos apoiam. Quem são suas líderes de torcida? Talvez elas tenham desempenhado só um pequeno papel na sua vida. Eu lembro que a minha professora da segunda série era alguém que me incenti-vava muito, embora fosse uma das professoras mais exigentes que tive. Sua fé em mim me ajudou a ter confiança quando eu era uma criança tímida e ansiosa. Liste as líderes de torcida que você teve na vida e pense no impacto que causaram em quem você é hoje.

1. _____

2. _____

3. _____

INSPIRE CONFIANÇA, EXPIRE INSEGURANÇA

A respiração profunda, combinada com uma ou duas palavras, oferece um jeito poderoso de você se concentrar e se manter focada.

Comece encontrando um lugar confortável e tranquilo para se sentar. Acenda uma vela em um lugar seguro, diminua as luzes do ambiente e coloque uma música suave. Em seguida, siga as etapas propostas para praticar a respiração guiada pelo tempo que quiser.

A princípio, você pode achar esta atividade um pouco difícil. Tente começar cronometrando o tempo durante um minuto e veja se consegue se concentrar nesse período. Se estiver apenas fazendo exercícios respiratórios e achar que este exercício é muito longo, pode praticar durante menos de um minuto que já será o suficiente para você.

1. Inspire fundo pelo nariz ou pela boca por quatro segundos, enchendo a barriga, e depois o peito, de ar.

2. Depois de inspirar, prenda a respiração por quatro segundos. Expire lentamente pela boca por quatro segundos. Repita essa sequência de respiração e adicione os passos finais.

3. Ao inspirar, escolha uma palavra ou uma expressão curta que consiga representar como você gostaria de se sentir em relação a si mesma. Podem ser coisas do tipo: "Está tudo sob controle" ou "Confiança".

4. Ao expirar, procure liberar toda a incerteza e a insegurança que estiverem em sua mente. Repita esta atividade por um minuto ou pelo tempo que se sentir à vontade. Tente aumentar a quantidade de tempo conforme você avançar na prática.

MONTANHA DA INSEGURANÇA

Para esta atividade, pense em um grande objetivo que você tem e escreva-o dentro da montanha. Depois, pense nos obstáculos que a impedem de alcançar esse objetivo. Escreva esses desafios nas setas — você pode escolhê-los na lista que sugeri ou criar os seus. Ao se comprometer a não permitir que esses obstáculos a impeçam, você vai alcançar novos patamares!

Possíveis obstáculos:

- O que os outros pensam
- Fracassos anteriores
- Rejeição

- As chances são mínimas
- Nem todo mundo consegue fazer isso
- Percebo que estou correndo um risco

Seja seu próprio amor

ACABANDO COM A INSEGURANÇA

Pense em situações que lhe geram mais incertezas. O que você percebe sobre seus pensamentos negativos? Responda às seguintes perguntas para desafiar e enfrentar seus receios.

1. **O que eu diria a uma amiga que tivesse essa mesma crença negativa?**

_____

_____

2. **Se eu fosse gentil comigo mesma, como mudaria esse pensamento?**

_____

_____

3. **Qual seria um pensamento mais benéfico de ter?**

_____

_____

4. **Que evidência existe de que essa crença negativa é verdadeira? Que evidência existe de que não é verdadeira?**

_____

_____

O QUE UMA AMIGA ME DIRIA?

Imagine que alguém que a ame e a aprecie está sentada ao seu lado depois de um dia especialmente desafiador, quando suas inseguranças e seus medos estão trabalhando a todo vapor. Explique a situação nas linhas abaixo e preencha o balão de fala com o que poderia ser dito para lembrá-la de como é incrível e fantástica.

FAÇA UMA CAMINHADA AFIRMATIVA

Às vezes, podemos ouvir ou dizer coisas encorajadoras e úteis para nós mesmas, mas ainda temos dificuldade de acreditar que sejam verdadeiras. Podemos até tê-las na cabeça, mas não nos conectamos com elas no coração. Repetir frases positivas ou mantras em voz alta até que se tornem sua voz interna pode ajudar. Circule a frase que se adequa melhor a você ou invente a sua e a repita para si mesma enquanto faz uma caminhada, por dez ou quinze minutos.

Está tudo sob controle.

Vou dar um jeito.

Sou boa o suficiente.

Está tudo bem.

Tenho talentos e dons.

Vou me sair muito bem.

Tudo vai dar certo.

Estou preparada.

Tenho muito para oferecer.

Eles têm sorte de ter a mim.

As pessoas gostam e querem estar perto de mim.

Eu consigo!

Sou honesta, inteligente e engraçada.

Sou capaz.

ESTÁ TUDO BEM...

Alguns dos meus livros infantis preferidos fazem parte de uma série de Todd Parr. Seus livros costumam compartilhar a mensagem simples de que está "tudo bem" ser diferente, cometer erros, ficar triste etc. No espaço abaixo, compartilhe situações ou sentimentos que você acredita que entram na lista de "está tudo bem", mesmo que sejam desagradáveis. Você pode dizer: "Está tudo bem cometer um erro" ou "Está tudo bem mudar de ideia". Quais são os seus "está tudo bem"?

Está tudo bem _____

Está tudo bem _____

Está tudo bem _____

Está tudo bem _____

Está tudo bem _____

PESSOAS POSITIVAS

Pense em uma pessoa positiva e solidária que você encontrou na vida. Talvez um coach, um mentor, um professor ou um membro da família. Que qualidades essas pessoas demonstraram que ajudaram a inspirá-la? Elas eram confiantes, seguras, autênticas, lúcidas, sábias ou algo a mais? Pense em como você é ou pode ser mais parecida com essas pessoas e liste-as no espaço abaixo.

_____

_____

_____

RESSIGNIFIQUE, RESSIGNIFIQUE, RESSIGNIFIQUE

Como terapeuta, uso a ressignificação como técnica para ajudar alguém a ver a situação de maneira diferente. Esse método ajusta as interpretações negativas dos eventos para encontrar um resultado positivo. Aqui estão alguns exemplos de situações que poderiam ser ressignificadas. Teste em si mesma e veja como é.

Exemplo: Esse evento é muito difícil. Ressignificação: Estou aprendendo a seguir em frente, mesmo quando é difícil.

Exemplo: Odeio distanciamento social. Ressignificação: Posso passar mais tempo de qualidade comigo mesma.

Nunca serei boa o suficiente. _____

Sou preguiçosa. _____

Nunca consigo fazer o que quero. _____

Um truque de atenção plena

A atenção plena envolve observar sem julgamento. Quando você perceber que está sofrendo com a insegurança, preste atenção aos seus pensamentos. Torne-se uma observadora do que sua voz está lhe dizendo. Perceba como um pensamento é só um pensamento; isso permite que você dê um passo para longe da crença em si. Costumo dizer que olhar o tornado de fora nos dá habilidades, ao invés de sermos varridos e girados. Pelos próximos cinco minutos, tente perceber quais pensamentos vêm e vão, sem mudá-los nem corrigi-los, e sem deixar ser sugada por eles.

QUEM MOLDOU SUA VOZ CRÍTICA?

Reserve um momento para refletir e identificar todas as pessoas ou eventos que podem ter ajudado a criar a voz crítica que você ouve na sua cabeça. Pense em situações que podem ter se destacado, como momentos decisivos no seu desenvolvimento. Por exemplo, uma cliente compartilhou sua lembrança de responder incorretamente a uma pergunta de matemática na escola primária. Ela se lembrava de ter ficado com vergonha quando a turma riu dela. Esse momento resultou em uma crença de que ela "não era boa" naquela matéria.

Pessoa ou evento

Mensagem

CRENÇAS QUE SUA FAMÍLIA CARREGA

Muitas vezes, as famílias carregam alguns mitos, crenças e lemas que podem ser prejudiciais, mesmo quando possuem a intenção de encorajar. Na minha família, acreditávamos no lema do exército dos Estados Unidos: "Seja tudo que você pode ser". Embora o objetivo fosse nos inspirar e nos motivar a fazer o melhor, muitas vezes, me vi fazendo tudo que era possível para ser a melhor. Tanto que me tornei a pior versão de mim mesma. Claramente, levei o lema ao extremo. Quais são as crenças da sua família que marcaram sua infância? Elas funcionam para quem você é hoje?

_____

_____

Observe e libere seus pensamentos

Podemos nos prender a um pensamento negativo só por tentar provar ou refutar a crença. Ao desafiar a ideia, consideramos ainda mais aquilo. Na próxima vez em que você tiver um pensamento negativo, em vez de tentar fazê-lo desaparecer ou mudá-lo, tente encontrar um pensamento mais proveitoso e comece a prestar atenção nele. Usando as habilidades de atenção plena que você tem praticado, observe e permita que o pensamento negativo simplesmente exista enquanto você adiciona um novo e melhor, que seja mais produtivo. Para ter ideias, considere as atividades que você já fez. Escolha um pensamento que apoie a sua jornada ao amor-próprio — que a ajude a se sentir mais compassiva e gentil consigo mesma e que possa desviar seu foco da autodúvida.

Liberte suas inseguranças e dúvidas **103**

UMA CARTA DE AMOR PARA MIM

Nesta atividade, escreva uma carta de amor para si mesma. Inclua coisas que aprecia em você. Destaque seus dons e talentos. Pense nas coisas pelas quais outras pessoas a elogiaram ou em como superou os desafios. Você pode reler esta carta nos dias em que tiver altos níveis de insegurança e precisar se lembrar de que é uma pessoa incrível. Você pode até fazer uma cópia para carregar consigo ou manter na sua cômoda ou mesa de cabeceira, para ter um rápido lembrete da sua bondade e do seu valor.

Querida _____ ,
(SEU NOME AQUI)

_____

_____

_____

_____

_____

_____

_____

_____

_____

Com amor,

_____
(SEU NOME AQUI)

CONCLUSÃO

Toda jornada em direção ao amor-próprio certamente terá lombadas e buracos cheios de inseguranças. Quando liberamos essas mensagens negativas, nos sentimos fortalecidas e nos libertamos de crenças limitantes que estavam arraigadas. Muitas vezes decorrentes de feridas da infância, relacionamentos não saudáveis e mensagens negativas do mundo ao redor, essas crenças podem nos modificar, criando incertezas e mensagens internalizadas de que não somos boas o suficiente. Liberar os medos é um ato de amor-próprio. Parabenize-se por se permitir ser vulnerável e por fazer o trabalho árduo de se desvencilhar de mensagens antigas e enraizadas. Agora vem a parte emocionante, na qual construímos uma base mais forte para o amor-próprio, composta de autovalorização, limites e reconhecimento dos nossos pontos fortes.

> Amar a mim mesma começa comigo cuidando de mim.

CAPÍTULO 6
CONSTRUA SUA AUTO-VALORIZAÇÃO

"Vou continuar me aventurando, mudando, abrindo a mente e os olhos, me recusando a ser carimbada e estereotipada. O negócio é se libertar: deixar o eu encontrar suas dimensões, não ser impedido."

—VIRGINIA WOOLF

Ao liberar a insegurança, ficamos livres para ocupar esse espaço com a autovalorização. Construir a autovalorização é como construir uma casa. Para começar, precisamos das ferramentas certas e de uma fundação sólida. Ao deixarmos de lado as inseguranças, somos capazes de construir qualquer coisa sobre uma base firme e segura. As ferramentas para aumentar a confiança incluem a conversa interna positiva, o reconhecimento dos nossos dons e pontos fortes e a capacidade de amar e valorizar todo o nosso ser, incluindo o corpo, o coração e a mente. Este capítulo também vai se concentrar na imagem corporal, já que muitas mulheres sofrem para aceitar e amar o próprio corpo.

PLANTE O SEU JARDIM DE AUTOVALORIZAÇÃO

Antes de construir a autovalorização, é essencial descobrir quais sementes você vai precisar plantar para que seu jardim floresça. Nos pacotes de sementes abaixo, marque quais você considera mais importantes para alimentar sua autovalorização. Sinta-se à vontade para adicionar suas próprias sementes durante o processo.

Escolha a sua   **Escolha a sua**   **Escolha a sua**

_____   _____   _____

_____   _____   _____

Escolha a sua   **Escolha a sua**   **Escolha a sua**

_____   _____   _____

_____   _____   _____

Truque dos olhos suaves e amorosos

Um truque poderoso para quando você se sentir crítica e negativa em relação a si mesma e ao seu corpo é observar os seus olhos. Quando estamos nos sentindo críticas, nossos olhos ficam menores e mais focados nas imperfeições. Reserve um momento para suavizar seus olhos, relaxando os músculos ao redor deles e do rosto. Permita que uma sensação mais suave tome conta de toda a área com uma observação livre de qualquer julgamento. Qual é a sensação?

MEDIDOR DE AUTOVALORIZAÇÃO

Reserve um momento para colorir o medidor de autovalorização com base no lugar em que seus níveis de amor-próprio estão neste ponto do livro. Eles aumentaram? Diminuíram? Depois, escreva como se sente em relação ao medidor.

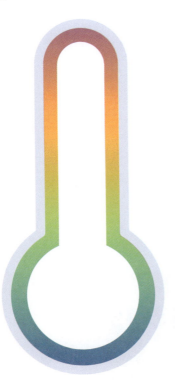

Eu me amo e sei que sou digna de amor e pertencimento.

Sou um trabalho em andamento e me amo na maior parte do tempo.

Estou aprendendo a me amar e a me sentir valorizada, mas às vezes ainda sofro.

Sinto que não sou digna de amor e acredito que não tenho nada de bom para oferecer.

Como me sinto em relação ao meu progresso até agora:

_____

_____

_____

Construa sua autovalorização

COMO VEJO MINHA VIDA DAQUI A UM, CINCO E DEZ ANOS

Nesta atividade, preencha as seções imaginando como estará sua vida daqui a um, cinco e dez anos. Inclua suas esperanças e seus sonhos em relação a como gostaria que sua vida fosse e descreva como pretende chegar lá.

Daqui a um ano, espero:

_____

Daqui a cinco anos, espero:

_____

Daqui a dez anos, quero que minha vida seja assim:

_____

Estar com a natureza

Nesta atividade, vá a algum lugar e observe o mundo ao redor. Seja só uma observadora e preste atenção a diferentes cores, formas, sons, cheiros e sensações que experimenta. Aprecie os detalhes que você costuma não notar por estar muito ocupada. Observe os sons e as imagens e pratique estar totalmente presente enquanto ouve o som de um pássaro cantando ou sente uma brisa suave e delicada. Estar na natureza nos permite vivenciar o momento presente e nos conectar com o mundo externo. Isso nos ajuda a liberar o excesso de pensamentos e a insegurança. Pare e se delicie com esse momento.

RECEITA PARA A AUTOVALORIZAÇÃO

Nos espaços abaixo, preencha a receita para fazer uma versão especial de si mesma. Acrescente ingredientes que a deixem feliz. Se tiver dúvidas, peça ajuda a amigos ou familiares para lembrá-la de suas qualidades e de seus talentos.

Exemplos de ingredientes de autovalorização

1 xícara de autenticidade
1/2 colher de chá de falar o que penso
1 colher de sopa de humor
3/4 xícara de fazer algo ligado à música
Uma pitada de criatividade

Título da receita: _____

1 xícara de _____

1/2 colher de chá de _____

1 colher de sopa de_____

3/4 xícara de _____

Uma pitada de _____

Combine os primeiros quatro ingredientes e misture bem. Acrescente a pitada de _____ . Leve ao forno para assar até que o amor-próprio e a autovalorização atinjam o cozimento desejado. Agora, compartilhe com o restante do mundo!

ENCONTRE A ÁREA CINZENTA

O pensamento em preto e branco, ou tudo ou nada, pode nos fazer sofrer com a autovalorização. Podemos nos ajudar encontrando o lado cinza dos nossos pensamentos. Para fazer isso, vamos pensar no uso de uma linguagem mais neutra e abraçar nossas partes que estão crescendo e aprendendo. Isso ajuda a encontrar o ponto intermediário entre os extremos. Essa técnica costuma ser uma forma mais realista, equilibrada e compassiva de pensar em nós mesmas. Preencha os quadrados com pensamentos em preto e branco e, em seguida, encontre seu meio-termo e preencha a área cinzenta.

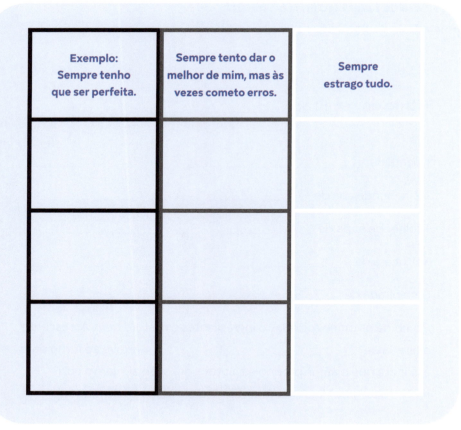

QUANDO ME SINTO MAIS PARECIDA COMIGO MESMA?

Pense em uma situação em que se sinta mais viva e totalmente capaz de ser você mesma. O que você está fazendo? Quem está perto? Quais pensamentos você tem? Como seu corpo se sente?

Descreva essas e outras sensações que achar relevantes.

PARA PENSAR

Reflita e compartilhe como você pode fazer outros momentos como esses acontecerem.

APROVEITE OS PRAZERES MAIS SIMPLES

As crianças têm uma noção invejável de encantamento e espanto com o mundo ao redor. Quando eu era mais nova, adorava perseguir borboletas, girar até ficar tonta e brincar em uma pequena floresta de bambu no meu quintal. Naqueles momentos, me sentia totalmente à vontade para explorar, usando a imaginação e me deliciando com os prazeres simples da natureza. Conforme fiquei mais velha, eu me peguei refletindo com carinho sobre aqueles dias, e descobri que os primeiros momentos da minha vida ajudaram a alimentar minha autovalorização. Na caixa abaixo, faça o desenho de alguma coisa que você adorava quando era criança. Esse tipo de lembrança pode nos ajudar a acessar um lugar especial dentro de nós que prosperou antes que o mundo tivesse a chance de impactar nossa autopercepção.

CRIAÇÃO DE HOBBIES

Muitas vezes, nossa vida envolve acompanhar os outros e correr para a próxima atividade. Os hobbies aumentam o sentimento de significado e propósito e nos dão tempo para relaxar e curtir a vida. A seguir, há uma pequena lista de possíveis hobbies e um espaço para você escrever suas ideias. Circule todos que você experimentou. Em seguida, reserve um tempo na agenda para experimentar um novo hobby. Pense em testar uma nova atividade a cada semana e veja qual lhe traz mais alegria.

Cuidados com o quintal

Leitura

Jardinagem

Costura

Artesanato

Montagem de quebra-cabeças

Pintura

Bicicleta

Coleção de antiguidades

Fotografia

Trabalho voluntário

Caminhadas

Corrida

Andar de caiaque

Colorir

Tocar um instrumento

_____ _____ _____

COMO VOCÊ OCUPA ESPAÇO?

Quando as pessoas se sentem confiantes, tendem a relaxar no espaço em que estão. Preste atenção em como você está sentada agora. Observe seus braços, suas pernas, sua postura, suas expressões e seu contato visual. Considere as diferentes situações listadas e descreva como você poderia se comportar. Você se sente confortável em ser vista? Sente-se à vontade no seu corpo?

Em pé em uma fila com desconhecidos: _____

_____

_____

Sentada em uma sala de espera: _____

_____

_____

Sentada em casa no sofá: _____

_____

_____

No transporte público: _____

_____

_____

Caminhando pela rua: _____

_____

_____

Construa sua autovalorização **117**

UMA CARTA DE AMOR PARA O MEU CORPO

Uma situação complicada envolve amar o corpo como ele é. A pressão da sociedade e as imagens editadas da "perfeição" nas diferentes mídias nos fazem sentir cada vez mais críticas. Preencha os espaços com palavras gentis e positivas sobre o seu corpo, para acabar com a pressão que você sofre.

Querido corpo,

Eu o aprecio exatamente pela sua aparência e pela sua função neste

momento. Eu amo que _____

_____ .

Também reconheço que você é poderoso e forte. Obrigada por _____

_____ .

Amo especialmente os meus braços, porque eles _____ .

Agradeço às minhas pernas por _____

e à minha barriga por _____ .

Sei que há momentos em que castigo _____

_____ .

Vou tentar ser mais amorosa e valorizar você todo dia. Amo o fato de que

é meu e sou grata por todas as coisas incríveis que posso fazer com

você como _____ .

Com amor,

_____

ESCANEAMENTO DE GRATIDÃO PELA SUA IMAGEM CORPORAL

1. Sente-se ou deite-se em uma posição confortável.

2. Feche os olhos e inspire e expire fundo várias vezes. Permita-se relaxar enquanto se acomoda no seu corpo.

3. Começando pelo topo da cabeça, observe as sensações e os sentimentos nessa área. Envie pensamentos amorosos a essa região do corpo e agradeça profundamente ao seu cérebro por tudo que ele faz para ajudá-la a pensar e por funcionar perfeitamente. Reflita sobre suas características faciais e passe um tempo apreciando cada uma delas: boca, nariz, olhos e orelhas. Agradeça a cada característica pelo que ela faz por você e aprecie a singularidade de cada uma delas. Se estiver tendo pensamentos críticos e negativos, perceba-os e observe-os sem julgamento e volte a atenção para este exercício.

4. Em seguida, imagine seu pensamento descendo pelo pescoço até a área do peitoral. Observe esse ponto do seu corpo e envie um apreço amoroso por tudo que ele faz por você. Faça isso com seus braços, suas mãos e seus dedos. Agradeça a eles pelo trabalho que fazem ao permitir que você se movimente e carregue coisas.

5. Agora, direcione sua atenção à barriga e permita-se apreciar essa parte do seu corpo. Agradeça pelo trabalho que sua barriga realiza ao digerir a comida e proteger os órgãos internos. Diga ao seu abdômen que você se arrepende de às vezes ser crítica e insatisfeita e que está aprendendo a valorizar mais seu corpo.

6. Em seguida, vem a área dos quadris. Agradeça ao seu bumbum por lhe dar uma almofada para sentar e por eliminar os resíduos do seu corpo.

7. Siga até as pernas e aprecie o que elas podem fazer por você. Agradeça por todas as formas de usá-las, seja caminhando, seja se exercitando. Termine com os pés, reconhecendo o trabalho que fazem para movimentá-la.

8. Envie um grande agradecimento ao seu corpo, qualquer que seja sua forma, seu tamanho e sua função. Reflita e aprecie como você é única, como não há ninguém como você.

OITO MITOS DA AUTOVALORIZAÇÃO

Reescreva as afirmações abaixo com expressões voltadas para o seu reconhecimento pessoal.

1. É impossível me autovalorizar e não ser egoísta.

_____

_____

2. Eu devia amar os outros mais do que a mim mesma.

_____

_____

3. Outras pessoas são mais importantes do que eu.

_____

_____

4. Devo ajudar os outros antes de ajudar a mim mesma.

_____

_____

5. Outras pessoas exercem influência sobre a minha valorização pessoal.

_____

_____

6. Os erros que cometi no passado definem a forma como eu me vejo e me valorizo.

_____

_____

7. Agradar aos outros é o que considero mais importante para me sentir valorizada.

_____

_____

8. Sentir-me valorizada está relacionado ao que os outros pensam a meu respeito.

_____

_____

SEJA SUA PRÓPRIA FÃ NÚMERO 1

Escolhi algumas declarações positivas para ajudá-la a se sentir mais confiante. Leia e escolha aquelas de que mais gosta ou que fazem mais sentido para você agora. Fique à vontade para personalizar a experiência criando suas próprias afirmações nos espaços em branco. Reserve um tempo todos os dias para refletir sobre elas ou coloque-as em um local visível para ler sempre.

Eu sou forte e capaz.

Minhas opiniões são importantes, e não há problema em compartilhá-las.

Meus sentimentos são válidos e importantes.

Mesmo quando cometo erros, ainda tenho valor.

Consigo fazer coisas difíceis.

Eu soluciono problemas.

Eu mereço respeito.

Sou digna de ser amada pelos outros.

Estou aprendendo a me amar todos os dias.

Não há problema em honrar meus dons e meus pontos fortes.

Sou única e especial.

_____

_____

_____

_____

_____

MANTENHA UM RASTREADOR DE AUTOVALORIZAÇÃO

Vamos ver quantas vezes por semana você fala consigo mesma de maneira gentil, compassiva e amorosa. No calendário, marque os dias em que geralmente é amável e se sente bem consigo mesma, mesmo quando comete um erro. Aqui estão alguns exemplos de afirmações positivas que você pode dizer a si todos os dias.

Estou fazendo o melhor que posso.

Sinto orgulho de mim mesma.

Fiz um ótimo trabalho.

Estou ficando mais forte a cada dia.

Isso é difícil, e eu consigo fazer.

Estou sofrendo agora, mas não será para sempre.

Segunda	Terça	Quarta	Quinta

Sexta	Sábado	Domingo

APRENDENDO E CRESCENDO COM UMA EXPERIÊNCIA NEGATIVA

Às vezes, é difícil sentir que temos valor depois de cometermos erros ou agirmos de forma incongruente com nossos valores e nos decepcionarmos. Nesses momentos, é muito importante reconhecer que somos simplesmente humanas e praticar a autocompaixão e o autoperdão. Uma das melhores maneiras de fazer isso envolve descobrir um ensinamento na experiência e reconhecer em que área você pode crescer.

Nos cenários propostos, desenhe uma linha para combinar cada situação com sua respectiva resposta compassiva. No espaço em branco, na página ao lado, escreva alguns eventos pessoais e repita o exercício, ligando-os a uma lição compassiva de autovalorização.

Contei uma mentira inofensiva para cancelar meus planos.

Sei que essa atitude vai contra os meus valores e estou aprendendo a fazer escolhas mais assertivas. Coloco muita pressão sobre mim mesma para ser a melhor.

Congelo ao fazer uma apresentação.

É normal dizer não sem dar um motivo.

Ninguém quer sair comigo.

É totalmente aceitável paralisar diante do sentimento de medo. Eu posso aprender a relaxar e a controlar a ansiedade.

Colei em uma prova.

Ficar sozinha em casa é natural e pode fazer muito bem; eu posso usar esse tempo para curtir um hobby e praticar o amor-próprio.

Situações

Respostas compassivas

AVALIANDO MENSAGENS DE BELEZA

Nesta atividade, observe diferentes anúncios que você encontra em revistas, em comerciais de televisão e na internet. Preste muita atenção às imagens das pessoas. Elas têm pelos corporais, poros, rugas, manchas, celulite etc.? Observe o tamanho dessas modelos e o que elas estão vestindo. Reflita como olhar para essas imagens a faz se sentir em relação a si mesma. Você quer comprar o produto? Você se comparou à modelo? Se você se sentir muito empoderada, tente escrever uma carta para o editor da revista ou para a empresa do produto descrevendo sua experiência.

ACEITE SEUS SENTIMENTOS E PASSE POR ELES

Como conversamos no capítulo 4, os sentimentos não podem ser definidos como bons nem ruins. Eles simplesmente são. Um ótimo jeito de desenvolver a autovalorização envolve aumentar a consciência sobre nós mesmas e nossas emoções.

Muitas vezes, quando suprimimos os sentimentos, podemos recorrer a maneiras não saudáveis e inadequadas de nos entorpecer. Essa resposta pode resultar em relacionamentos não saudáveis e em mecanismos de enfrentamento destrutivos.

Nesta atividade, você vai ter a oportunidade de identificar maneiras mais conscientes de passear pelos seus sentimentos. Comece observando quais impulsos físicos você costuma encontrar para cada emoção e depois veja como pode ter uma reação mais consciente. Veja um exemplo.

Sentimento	Impulso para agir	Reação consciente
Raiva	Bater, socar, gritar	Respirar fundo, relaxar o corpo, afastar-se
Tristeza		
Medo		
Alegria		
Repulsa		
Surpresa		
Inveja		
Frustração		

CRIE UM CICLO POSITIVO DE AUTOVALORIZAÇÃO

Os círculos cor-de-rosa mostram como nossa conversa interna negativa e nossos sentimentos desagradáveis podem fazer com que criemos a necessidade de agradar aos outros, além de dificultarem nossos enfrentamentos. Nos círculos azuis, preencha os espaços para criar um ciclo de autovalorização mais positivo.

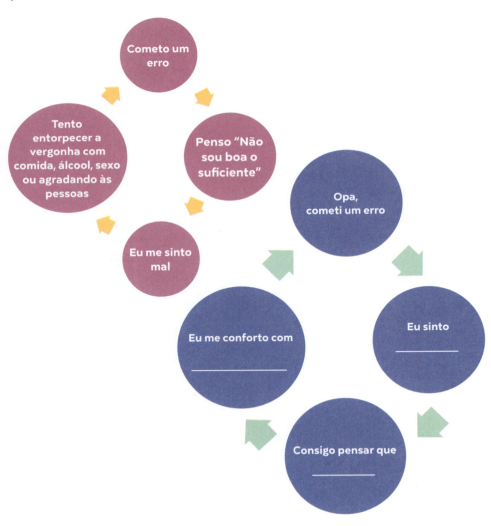

128   Seja seu próprio amor

CONCLUSÃO

Parabéns por terminar este capítulo da sua jornada ao amor-próprio. Você já deve ter visto que construir a autovalorização exige esforço e determinação. Com frequência, é mais fácil escorregar para padrões e crenças antigos e negativos — é preciso ter um foco contínuo para falar de maneira gentil e compassiva conosco, bem como aprender com os desafios da vida e com os erros que cometemos ao longo do caminho.

Assim que tivermos uma base sólida, vamos analisar nossas interações com os outros. Parte do amor-próprio consiste em criar e manter relacionamentos positivos e saudáveis. O próximo capítulo analisa o que gera um relacionamento saudável e discute como estabelecer limites e ter uma comunicação clara e assertiva. Aperte o cinto — o próximo capítulo pode mudar sua vida.

> Levo algo especial para o
> mundo ao meu redor.

CAPÍTULO 7

É HORA DE CURAR SUAS RELAÇÕES

"O modo como você se ama ensina os outros a amá-la."

—RUPI KAUR

onforme mergulhamos na jornada ao amor-próprio, descobrimos uma oportunidade de analisar os relacionamentos e as conexões conosco e com os outros. Este capítulo mostra como reconhecer as diferenças entre relacionamentos saudáveis e não saudáveis, bem como identificar maneiras de estabelecer limites. Como cuidadoras, as mulheres priorizam os sentimentos dos outros em detrimento das próprias necessidades. As mulheres também sofrem com a assertividade ao caírem na armadilha de agradar às pessoas. Ao negarmos sentimentos e necessidades, outras dinâmicas tóxicas podem surgir. Um componente crucial do amor-próprio envolve começar a aceitar, a honrar e a comunicar anseios e desejos. Quando isso acontece, o relacionamento conosco e com os outros pode mudar, abrindo a porta para o amor-próprio, equilibrando bondade e gentileza com os outros.

COMO O AMOR-PRÓPRIO APARECE NOS RELACIONAMENTOS

No espaço abaixo, considere como cada um dos componentes dos capítulos anteriores reflete nos relacionamentos. Dê um exemplo de como cada conceito pode aparecer de forma negativa e como fazer uma mudança positiva.

	Conceito negativo	Conceito positivo
Autovalorização	_____	_____
Respeito próprio	_____	_____
Amor-próprio	_____	_____
Autocompaixão	_____	_____
Autoperdão	_____	_____

É hora de curar suas relações

O TRIPÉ DO RELACIONAMENTO SAUDÁVEL

Conforme aprendemos a identificar o que gera uma relação favorável e sadia, podemos entender melhor o que merecemos ao longo da vida. Nesta atividade, cada círculo representa os componentes fundamentais de confiança, reciprocidade e respeito em um relacionamento saudável e igualitário.

    A confiança, um elemento essencial em relacionamentos saudáveis, implica acreditar que uma pessoa é autêntica, digna e honesta. A reciprocidade envolve encontrar um equilíbrio na energia investida e trocada entre duas pessoas. O respeito abrange valorizar a outra pessoa com ternura e apreço. Isso, é claro, funciona melhor em um relacionamento quando é mútuo, fluindo nos dois sentidos.

    Pense na relação atual que você tem — talvez com um amigo, sócio, namorado, colega de trabalho ou membro da família. Analise como os elementos de confiança, reciprocidade e respeito existem nesse relacionamento e preencha os espaços escrevendo como eles aparecem. Por exemplo, a confiança é construída e mantida quando alguém faz algo que disse que faria.

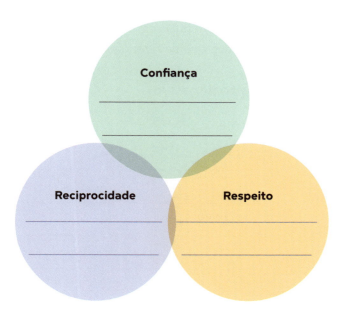

132   Seja seu próprio amor

LISTA DE VERIFICAÇÃO DE RELACIONAMENTOS NÃO SAUDÁVEIS

Quando estamos aprendendo a ter amor-próprio, é importante reservar um tempo para avaliar os vários aspectos dos nossos principais relacionamentos. Embora possamos passar muitos anos em relações permitindo que o *status quo* persista, quando realmente prestamos atenção à confiança, à comunicação e aos padrões de insegurança , podemos aprender a identificar bandeiras vermelhas que podem sinalizar um conflito com nossa capacidade de amar a nós mesmas.

Ao negligenciarmos a observação ou a abordagem de desequilíbrios de poder e controle ou a falta de confiança ou respeito mútuo, podemos cair em padrões não saudáveis. Esses comportamentos que levantam uma bandeira vermelha começam a prejudicar a autoestima, podendo levar a um ciclo interminável de dinâmicas prejudiciais. Relacionamentos nocivos e tóxicos se reproduzem em condições estéreis, nas quais o amor-próprio não cria raízes e não cresce. Por outro lado, o tempo gasto lidando com essas questões pode servir como trampolim para uma transformação positiva e até ser capaz de mudar sua vida.

Verifique se alguma das dinâmicas a seguir está presente nos seus relacionamentos.

- **Gaslighting:** Fazer você duvidar da sua realidade ao lhe dizer que uma coisa aconteceu, não aconteceu ou não é verdade, embora seja algo que você saiba.

- **Xingamentos:** Humilhações verbais, ataques com palavras horríveis e que magoam, para fazer você se sentir mal em relação a si mesma.

- **Coerção:** Manipular você para que as necessidades do outro sejam atendidas sem levar em consideração as suas.

- **Comportamento de controle:** Estabelecer com quem você pode ou não conversar e encontrar; determinar o que você pode ou não fazer, vestir, sentir e/ou pensar.

- **Ciúme:** Fingir que o sentimento de ciúme significa que a pessoa a ame mais, quando na verdade é um sinal de insegurança.

- **Ameaças:** Fazer você acreditar que a pessoa vai prejudicá-la em termos emocionais e físicos.

- **Desconfiança:** Demonstrar suspeita ou questionar seus motivos ou suas ações.

- **Invisibilidade:** Não se sentir ouvida ou compreendida.

DEZ SINAIS DE QUE VOCÊ SE BENEFICIARIA COM LIMITES MELHORES

Limites existem em diferentes aspectos, tamanhos e formas. As barreiras físicas proporcionam espaço e controle sobre o nosso corpo, enquanto as barreiras emocionais assumem a responsabilidade pelos nossos sentimentos. As violações de limites podem ocorrer no contexto de controle excessivo, agradar aos outros e permissividade.

Algumas pessoas podem achar que ter limites sólidos e saudáveis significa manter os outros afastados ou não permitir que eles nos controlem ou nos manipulem. Limites não saudáveis funcionam nos dois sentidos. As violações de limites também podem ocorrer quando assumimos a responsabilidade pelos sentimentos de outra pessoa e cuidamos de todos os outros. Essas violações podem resultar em ressentimento e raiva latentes, sentimentos de baixa autovalorização, decepção e desequilíbrios de poder nos relacionamentos. Limites saudáveis, claros e adequadamente permeáveis se desenvolvem com base no amor-próprio. As declarações a seguir refletem como nossos limites podem ser muito fracos ou muito rígidos.

Circule o número ao lado das afirmações que aparecem na sua vida e preencha o espaço em branco com um exemplo.

1. Eu fico com raiva quando as pessoas não me ouvem ou não fazem o que eu quero depois que falo com elas algumas vezes.

2. Eu me sinto totalmente responsável por garantir que todo mundo esteja feliz e bem.

3. É muito comum eu me sentir ressentida e ter raiva nos meus relacionamentos.

4. Eu não deveria ter que pedir o que preciso ou quero. As pessoas deveriam saber.

5. Não quero incomodar nem ser inconveniente com as pessoas.

6. Ajudar as pessoas é parte do que me torna única e valorizada.

7. Costumo sacrificar minhas vontades e necessidades para priorizar as de outras pessoas.

8. Não permito que outras pessoas conheçam meu verdadeiro eu.

9. Se as pessoas soubessem o que estou pensando, elas não iam gostar de mim.

10. Não confio nas pessoas e me fecho rapidamente para relacionamentos.

BRINCANDO DE "DIZER NÃO"

Você tem dificuldade de recusar pedidos? Fazer isso pode ser desagradável, ainda mais se acharmos que as pessoas podem ficar chateadas. Outras vezes, podemos não acreditar que nossas necessidades são essenciais.

Enquanto você constrói o amor-próprio, é muito importante aprender a dizer não. Algumas pessoas se sentem compelidas a dar um motivo ou uma desculpa. Muitas vezes, porém, isso não é necessário. É normal dizer não sem ter um motivo. Você não precisa se justificar. O objetivo é aprender a ter confiança em suas decisões.

A seguir, você poderá conferir alguns exemplos de como recusar um pedido sem precisar arrumar uma desculpa. Nesta atividade, imagine um cenário e procure ficar em frente a um espelho enquanto diz uma das respostas abaixo ou crie as suas próprias respostas nos espaços em branco. Você também pode encontrar uma pessoa de sua confiança para atuar ao seu lado e representar a situação, aumentando sua coragem de dizer não.

Obrigada pelo convite, mas infelizmente não vou conseguir ir.

Agradeço o convite, mas tenho outros planos marcados.

Não posso me comprometer com isso agora.

Vou pensar e já retorno.

Não, eu não vou conseguir fazer isso.

Não vou poder no momento, mas posso reconsiderar no futuro.

Agradeço a confiança (ou o elogio), mas não posso.

Não. Isso não funciona para mim.

_____

_____

_____

_____

_____

_____

Mantenha seus limites fortes e bem-definidos

Separei algumas afirmações que podem ser ditas em voz alta, gravadas no celular ou escritas em papéis adesivos e espalhadas pela casa para lembrá-la de que é normal e saudável estabelecer limites. Tente ler essas mensagens em um tom de voz claro e firme enquanto fica de pé com a postura ereta, com o peito para fora e as mãos na cintura, como a Mulher-Maravilha que você é.

Meus sentimentos são muito importantes e relevantes.

Tenho o direito de ser ouvida e de ocupar um espaço de relevância.

As reações e os comportamentos dos outros muitas vezes são um reflexo deles, não de mim.

É normal dizer não sem ter que dar explicação.

Posso estabelecer limites quando estou sobrecarregada.

Mereço ser tratada com respeito.

Não sou obrigada a permanecer em uma situação que não seja completamente satisfatória para mim.

Posso pedir o que quero e preciso.

Se alguém disser não ou não responder como eu gostaria, tudo bem.

A resposta de outra pessoa não indica se eu poderia ter pedido o que preciso ou desejo.

Posso ter minhas necessidades atendidas e ainda ser gentil.

QUATRO PASSOS PARA PEDIR O QUE VOCÊ DESEJA

Depois de determinar o nosso valor e perceber que não há problema em pedir o que queremos, a próxima etapa é aprender a fazer isso. Aqui estão quatro passos que podem ajudar:

1. **Concentre-se no que gostaria que acontecesse.** O que você almeja conseguir? Talvez seja ser levada a sério, pedir ajuda ou pedir a alguém para fazer alguma coisa.

2. **Descreva a situação e o que você deseja usando termos diretos.** Dependendo do tipo do seu relacionamento, pode fazer sentido compartilhar suas emoções ou explicar o motivo do pedido, para aumentar o nível de compreensão da outra pessoa.

3. **Mantenha o foco no que você deseja.** Às vezes, as outras pessoas vão tentar recuar ou recusar seu pedido — lembre-se de que elas têm o direito de fazer isso. Quando essa situação acontecer, mantenha seu objetivo em primeiro lugar na sua mente.

4. **Expresse seu agradecimento pela disposição da outra pessoa em considerar o pedido.** Não importa se ela atendeu ao que você pediu — agradeça mesmo assim.

Agora, pense em uma situação atual com um amigo, sócio ou colega de trabalho. Preencha os quatro passos que você executaria ao fazer sua solicitação no espaço a seguir.

1. Identifique os objetivos que você deseja alcançar na interação. Por exemplo, quero ir a um restaurante específico para jantar.

2. Faça o pedido em termos simples e claros. Por exemplo: "Eu gostaria de jantar em um restaurante italiano, por favor".

3. Mantenha o foco no seu objetivo. Se a pessoa disser que não quer comer comida italiana, você pode dizer: "Eu realmente quero comer em um restaurante italiano, podemos experimentar a sua opção na próxima vez?".

4. Expresse seu agradecimento pela disposição da outra pessoa em considerar o seu pedido. Por exemplo: "Obrigada pela sua disposição para comermos em um restaurante italiano".

Pare de pedir desculpas

Muitas mulheres lamentam demais e dizem "me desculpe" automaticamente. Às vezes, até quando nenhum erro foi cometido. Você já se pegou pedindo desculpa por uma coisa que não fez de errado? Pense no cenário: uma mulher entra no supermercado e pede desculpa por perguntar a um funcionário onde encontrar a mostarda. Nessa situação, não é necessário se desculpar. Em vez de pedir desculpa por fazer um pedido, tente expressar seu agradecimento. "Desculpe, onde fica a mostarda?" se transforma em "Obrigada por estar disponível. Sabe onde posso encontrar a mostarda?".

ENTENDENDO OS ESTILOS DE COMUNICAÇÃO

Existem três estilos principais, e cada um tem um propósito e uma função, dependendo do contexto e da situação.

A **comunicação passiva** significa que uma pessoa não pede o que precisa, nem recusa pedidos indesejados. Nos casos em que alguém pode se tornar violento, esse estilo de comunicação permite que você fique segura e sobreviva. A comunicação passiva também pode resultar de uma resposta ao trauma quando a pessoa se sente ameaçada.

A **comunicação agressiva** representa uma linha da resposta de luta a uma ameaça. Essa reação tende a envolver uma linguagem e uma postura corporal mais ruidosa e forte, muitas vezes, resultando em ameaças, intimidação e até ataques.

A **comunicação assertiva** faz uso de palavras calmas, educadas, sensatas e firmes. Além disso, esse tipo de comunicação trabalha com uma linguagem corporal relaxada e adequada.

Às vezes, traumas do passado podem afetar as nossas emoções e a maneira como nos comunicamos. Assim como acontece com os animais, o cérebro do ser humano tem um mecanismo de luta, fuga ou congelamento que garante a sobrevivência.

As reações de fuga e congelamento, muitas vezes, podem contribuir para a comunicação passiva. Já as reações de luta podem se expressar como o estilo de comunicação agressiva. Em situações mais complexas, em que existe um trauma contínuo, há também um quarto tipo de resposta cerebral chamado bajulação, que envolve agradar a todas as pessoas com o intuito de evitar conflitos.

Diante dos cenários da próxima página, circule o tipo de padrão de comunicação presente em cada afirmação.

1. **Não quero incomodar minha amiga, então não ligo para ela pedindo ajuda para trocar o pneu.**

   Passiva   Agressiva   Assertiva

2. **Estou chateada porque meu filho não conseguiu um papel na peça da escola.**

   Passiva   Agressiva   Assertiva

3. **Buzino alto para o carro lento na minha frente, depois entro na frente dele e piso no freio.**

   Passiva   Agressiva   Assertiva

4. **Peço educadamente ao garçom para me fazer um hambúrguer novo que não esteja malpassado por dentro, depois de pedir um hambúrguer bem passado.**

   Passiva   Agressiva   Assertiva

5. **Ameaço dar um soco em uma pessoa quando ela está ocupando duas vagas de estacionamento.**

   Passiva   Agressiva   Assertiva

6. **Peço ao meu parceiro que desligue a TV enquanto estou estudando.**

   Passiva   Agressiva   Assertiva

7. **Eu não quero incomodar a garçonete, então deixo de pedir o refil e meu copo fica vazio.**

   Passiva   Agressiva   Assertiva

Respostas:

1 - passiva, 2 - agressiva, 3 - agressiva, 4 - assertiva, 5 - agressiva, 6 - assertiva, 7 - passiva

O QUE É CODEPENDÊNCIA?

Na década de 1980, Melody Beattie escreveu um livro chamado *Codependência nunca mais*. Esse livro permitiu uma compreensão mais generalizada da codependência e estendeu sua definição para além dos vícios. Um relacionamento codependente acontece quando os limites ficam tão confusos ao longo do tempo que cada pessoa depende da outra e se sente responsável por controlar o comportamento ou os sentimentos dela. Comportamentos e dinâmicas de resgate, de agradar às pessoas, de "mais uma dose" e de controle excessivo podem levar à codependência. Se a pessoa vier de um histórico complexo de trauma, ela aprende a sobreviver bajulando e assumindo a responsabilidade pelos sentimentos e comportamentos de outra enquanto nega os seus. Embora esses padrões possam funcionar para a sobrevivência, com o tempo eles corroem a base de confiança, respeito e reciprocidade, fundamentais para um relacionamento saudável. É possível amar alguém "demais", de modo que você se perca e, com isso, pare de praticar o amor-próprio.

No espaço abaixo, escreva sobre um relacionamento próximo no qual a codependência se manifesta. Talvez seja de um filme, de um livro, da sua família de origem ou seu relacionamento atual. Você pode até inventar um, se quiser. Pense em compartilhar o que cada pessoa obtém com essa dinâmica.

AGRADAR ÀS PESSOAS

Agradar às pessoas envolve considerar sentimentos, desejos e necessidades dos outros antes dos nossos. Essa dinâmica tem raízes na sensação de não termos valor e no desejo de sermos boas o suficiente.

Dê exemplos de como você agrada às pessoas. Você pode fazer isso até sem saber.

No trabalho: _____
_____

Em relacionamentos afetivos: _____
_____
_____

Nas amizades: _____
_____
_____

Na família de origem: _____
_____
_____

Na família atual: _____
_____

Na sociedade: _____
_____

SILENCIANDO A VERGONHA

Muitas vezes, na procura do amor-próprio, surgem crenças tóxicas internalizadas e enraizadas na vergonha e na sensação de não ter valor. Como exploramos nos capítulos anteriores, inúmeras mensagens definem nossos sentimentos de valor. É importante reconhecer como internalizamos essas mensagens. Por exemplo, se você mentir, pode se sentir culpada, e isso vai ajudá-la a fazer uma escolha melhor no futuro, que se alinhe aos seus valores. Mas, se você mentir e tiver uma resposta baseada na vergonha, vai se sentir uma pessoa terrível e sem valor. A vergonha é tóxica e vem da crença de que não somos boas o suficiente. Significa que não nos sentimos dignas de ter amor, conexão e crescimento. Ao contrário da culpa, que pode nos impulsionar a fazer escolhas alinhadas com os nossos valores e as nossas crenças, a vergonha costuma nos empurrar para baixo e nos paralisar, resultando em comportamentos, crenças e relacionamentos tóxicos. Como parte do amor-próprio, é importante trabalhar para chegar a um ponto em que possamos dizer: "Se eu cometer erros ou fracassar, significa que sou humana".

Nesta atividade, preencha as caixas para identificar uma ocasião em que você tenha cometido um erro e suas crenças sobre si mesma tenham se transformado em vergonha.

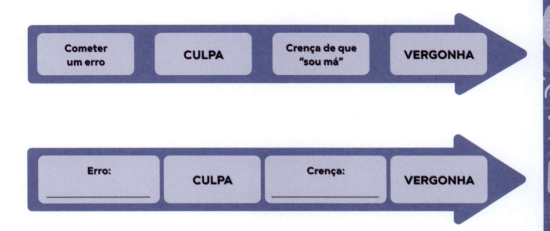

É hora de curar suas relações

Depois de concluir a atividade, pense em como vai usar as informações. O que você vai fazer de diferente como resultado dos sentimentos de culpa? Como pode pensar de forma diferente para ajudar a combater as crenças baseadas na vergonha? Pense nos exercícios anteriores, nos quais você praticou afirmações e autocompaixão. Escolha sua estratégia preferida e aplique-a neste exercício.

PERSEGUINDO RELACIONAMENTOS INDISPONÍVEIS

Mulheres que sofrem com falta de amor-próprio e insegurança, muitas vezes, se encontram no papel de perseguidoras, que pode se manifestar em uma situação no trabalho, em um relacionamento familiar, social ou amoroso. O desejo de nos sentirmos especiais cria um padrão de comportamento de perseguição. Em uma situação de trabalho, esse padrão pode ser tentar o tempo todo precisar de validação e ser reconhecida. No âmbito familiar, pode ser se esforçar constantemente para estar junto e atender às necessidades e às preferências de todos. Em uma amizade ou relacionamento afetivo, pode envolver abandonar o que você está fazendo para ficar disponível ou procurar a outra pessoa o tempo todo, quando ela não responde. Muitas vezes, o perseguido se afasta, nos fazendo sentir mais rejeição e insegurança. Desenvolve-se uma dinâmica enraizada no que as outras pessoas pensam de nós. Torna-se uma armadilha. Quanto mais eles se afastam, mais os perseguimos; quanto mais eles se afastam, mais dependemos deles para nos sentirmos valorizadas e únicas.

Descreva uma época da sua vida em que você se viu presa nesse padrão.

_____

_____

_____

ESTILO DE CONFLITO E PADRÕES TÓXICOS

Já falamos sobre os padrões de comunicação. Na maioria das situações, a comunicação assertiva permite relacionamentos saudáveis; no entanto, existem situações em que precisamos contar com as reações passivas ou agressivas. Dois outros padrões tóxicos de comunicação podem gerar problemas em um relacionamento: manipulador e passivo-agressivo.

Quando manipulamos, estamos tentando fazer a outra pessoa sentir uma emoção para que possamos conseguir o que queremos. A manipulação se torna uma estratégia para controlar alguém, mas usa informações indiretas e, com frequência, carregadas de emoção, em vez de uma comunicação clara e direta. Quando uma pessoa manipula, ela não afirma o que quer ou do que precisa, mas joga com as emoções de alguém. Às vezes, a manipulação acontece quando tentamos nos comunicar de forma assertiva e não conseguimos.

O estilo passivo-agressivo de comunicação pode surgir quando tentamos conseguir o que queremos, mas não somos transparentes e abertas na comunicação. Em vez disso, tentamos revidar alguma coisa ou conseguir uma vingança de maneira passiva. Muitas vezes, isso envolve sentimentos reprimidos de raiva ou ressentimento internalizado. Algumas pessoas recorrem à comunicação passivo-agressiva quando se sentem impotentes ou quando alguém tem autoridade sobre elas. No espaço abaixo, identifique três vezes em que você observou uma comunicação passivo-agressiva e manipuladora.

Passivo-agressivo:

Exemplo: Eu me "vinguei" do meu parceiro não lavando a louça depois que ele reclamou que a casa estava suja.

1. _____

2. _____

3. _____

É hora de curar suas relações **147**

Manipulador:

Exemplo: Dizer a um amigo: "Acho que ninguém me ama", depois de descobrir que não foi convidada para uma festa.

1. _____

2. _____

3. _____

DESFAÇA O SEU ESTILO DE APEGO

Identificar as origens do quanto nos sentimos seguros nos relacionamentos pode ser importante para aprendermos a ter interações e conexões saudáveis com outras pessoas.

Os doutores Amir Levine e Rachel Heller, no livro *Apegados* (2010), identificam os seguintes estilos primários de apego formados na primeira infância: seguro, evasivo, ansioso e ansioso-evasivo. Esses estilos impactam nossos relacionamentos como adultos e levam em consideração nossos níveis de conforto com a intimidade e a proximidade na convivência.

Aqui está uma breve descrição dos quatro estilos de apego adulto.

Seguro:

- Baixo comportamento evasivo e baixa ansiedade
- Consegue se abrir e compartilhar de um jeito confortável
- Quer intimidade e conexão
- Não se preocupa muito com a rejeição; não fica obcecada com o relacionamento
- Não se preocupa com o abandono

Evasivo:

- Altos níveis de evasiva e baixos níveis de ansiedade
- Não se sente à vontade para se conectar e compartilhar abertamente com o parceiro
- Prefere a independência e não se preocupa se o parceiro se tornar indisponível
- Dificuldade de confiar nos outros; o parceiro muitas vezes quer que eles sejam mais íntimos
- Prefere a autoconfiança e a autossuficiência
- Visto como indiferente e desconectado

Ansioso:

- Baixa evasiva e alta ansiedade
- Anseia desesperadamente por intimidade e conexão
- Se sente insegura no relacionamento e deseja limites permeáveis
- O medo de abandono e rejeição impulsiona as interações; pode ser vista como muito pegajosa e carente

Ansioso-evasivo:

- Altos níveis de evasiva e alta ansiedade
- Preocupações com o amor e o compromisso do parceiro, ao mesmo tempo que não se sente à vontade com estar muito perto
- Muitas vezes envia mensagens confusas
- Quer estar perto, mas não compartilha nem se conecta abertamente
- Preocupa-se em se machucar se for muito íntima de um parceiro

Com base nessas descrições, qual estilo de apego você acha que tem? Considere seus diferentes relacionamentos e como seu estilo atua nas seguintes áreas:

Com um parceiro amoroso: _____

Com um amigo: _____

Com um membro da família: _____

Com um colega de trabalho ou supervisor: _____

Com um desconhecido: _____

ABANDONE AS VELHAS CRENÇAS

Nesta atividade, imagine estourar um balão com inseguranças, receios, medos e sofrimentos do seu relacionamento. Imagine o balão se expandindo até ficar do tamanho necessário. Pode até ter o tamanho de um balão de ar quente. Depois de preenchido, pense em soltar o balão cheio de crenças antigas e inúteis. Imagine o balão flutuando para longe e se tornando cada vez menor à medida que viaja pelo céu, até que seja reduzido a uma pequena partícula e, no fim, desapareça.

Encha o balão com os medos e as inseguranças que você está pronta para abandonar.

EU AOS TREZE ANOS

Volte por um instante para quando você tinha essa idade. Lembre-se do que era importante para você naquele momento e do que consumia sua energia. Lembre-se de quem era mais importante na sua vida e em quais atividades você se engajava. Pense no que sentiu quando entrou no pátio da escola e procurou um lugar para ficar.

Agora imagine-se na sua idade atual. Você se sente como aquela garotinha? Você se sente insegura e querendo se encaixar? No espaço abaixo, compartilhe como você cresceu em termos de autovalorização desde os seus treze anos. Identifique o que gostaria de ter sabido na época e lembre-se de que, como adulta, você pode escolher continuar a fortalecer o amor-próprio.

COMEMORE SEUS VALORES

Conforme crescemos e amadurecemos, nossos valores evoluem. Ao estabelecer limites e ter relacionamentos saudáveis, torna-se essencial verificar regularmente os nossos valores e as coisas que são importantes para nós. Essa clareza é ainda mais fundamental quando somos confrontadas com situações que podem contradizer e desafiar nossas crenças.

Nesta atividade, pense em quais valores são importantes para você agora. Talvez eles incluam confiança, autenticidade ou honestidade, por exemplo. Um truque para identificar rapidamente seus valores é imaginar o que você gostaria que alguém dissesse sobre você se houvesse uma grande festa em sua homenagem. O que gostaria que dissessem sobre como você tratou as pessoas ao longo da vida e como valorizou seus relacionamentos?

O OPOSTO DA CONFIANÇA É O CONTROLE

Muitas vezes, nas sessões de terapia, eu me pego dizendo às clientes que "o oposto da confiança é o controle". Quando não confiamos ou não acreditamos em alguma coisa, muitas vezes nos vemos tentando assumir o controle. Essa dinâmica pode ter um impacto duradouro nos relacionamentos, pois a confiança é um componente obrigatório das dinâmicas saudáveis. O comportamento controlador pode ter a aparência de microgerenciamento, dar conselhos, tentar consertar e mudar as coisas ou se sentir responsável pelos sentimentos dos outros. Na próxima vez em que você se envolver nesse tipo de comportamento, pense nas coisas que podem estar fora de controle no seu relacionamento ou de que maneiras a desconfiança aparece. Isso é algo que pode ser tratado de forma mais eficaz, estabelecendo limites e comunicação adequados, como aprendemos antes? Circule as maneiras como você pode se ver controlando as situações em um relacionamento.

Microgerenciar

Mandar em alguém

Choramingar

Consertar

Dar conselhos

Dizer a uma pessoa como ela deveria se sentir

Reter sentimentos

Planejar em excesso

Resgatar

Desligar a comunicação

Recuar

UM BILHETE DE GRATIDÃO PARA MIM MESMA

Como você sabe, é necessário ter coragem para libertar a insegurança e reconstruir uma base de autovalorização e amor. Em sincronia com a prática da gratidão e da autocompaixão, podemos agradecer a essas características negativas por tentar nos proteger e nos ajudar nas horas em que precisávamos, especialmente nos relacionamentos. Escreva uma carta de agradecimento aos seus medos e às suas inseguranças pelas maneiras como podem ter tentado ajudá-la. Na última linha, inclua que você não precisa mais dessas crenças negativas e diga adeus a elas.

Queridas inseguranças,

_____

_____

_____

_____

_____

_____

_____

_____

_____

Com amor,

_____

CONCLUSÃO

Este capítulo pode ter levantado sentimentos desagradáveis ou feito você analisar seus relacionamentos de um jeito novo. Aprender a amar a si mesma, às vezes, muda as relações sociais. O desenvolvimento de habilidades para estabelecer limites, comunicar-se com clareza e eliminar padrões tóxicos pode mudar a dinâmica e os padrões de relacionamento de maneiras que você não esperava. Se descobriu padrões que a preocupam, procure ajuda e apoio. O relacionamento mais importante que vai mudar, no entanto, é o seu consigo mesma. Quando você aprende a dizer não, a pedir o que precisa e quer e a reconhecer padrões não saudáveis, o amor-próprio pode crescer e florescer. Isso nos leva à etapa final da nossa jornada — a mais emocionante, na qual vamos combinar todo o seu trabalho árduo e a honestidade de abraçar de maneira plena e amorosa a pessoa que você é.

> Estabelecer limites é uma forma de praticar o amor-próprio.

CAPÍTULO 8

OLHE-SE COM COMPAIXÃO E ABRACE QUEM VOCÊ É

"Estou começando a me medir em termos
de força, não em quilos.
Às vezes, em sorrisos."
—LAURIE HALSE ANDERSON

A esta altura, você já deve ter experimentado algumas emoções ao aprender mais sobre si mesma enquanto aprecia belos insights ao longo do caminho. Neste capítulo final, tudo em que você trabalhou vai se juntar à última etapa da jornada — abraçar-se por completo. As áreas apresentadas criaram uma base sólida e melhoraram habilidades para você usar no desenvolvimento e na expansão do seu amor-próprio no futuro. Este capítulo reflete sobre o crescimento que você teve e esclarece todas as maneiras como você pode continuar a dar espaço para a melhor versão de si mesma. Vamos explorar seus objetivos e sonhos e sair ainda mais da sua zona de conforto para encontrar o lugar em que sua próxima jornada começa.

MEUS DONS ÚNICOS

Uma parte importante de se abraçar por completo envolve conhecer seus dons, talentos e pontos fortes. Como já conversamos, às vezes o feedback de outras pessoas pode nos dar evidências para apoiar nossa (recém-descoberta) autoapreciação. Na ilustração abaixo, preencha as coisas que ama em si mesma. Não seja tímida. Lembre-se de que você é um presente especial.

COISAS QUE ME FAZEM SORRIR

Um componente importante de se abraçar é se conhecer por completo. Embora reconhecer nossos dons seja essencial, também é necessário saber o que nos faz sorrir. Para praticar o amor-próprio, é bom saber o que nos traz felicidade. Preencha os corações com algumas dessas coisas. Pense na natureza, nas pessoas, nos animais, em ideias e em experiências. Podem ser coisas pequenas, como fazer seu chá preferido todo dia de manhã ou levar seu cachorro para passear.

AME SUAS PECULIARIDADES

Parte de nos abraçarmos é conhecer e aceitar nossas falhas e imperfeições. Imagine o poder que vem de nos permitirmos ser perfeitamente imperfeitas e, ainda assim, sabermos o nosso valor. O mundo se torna ilimitado em tudo que podemos fazer e experimentar quando atuamos com base em uma posição de aceitação e humor, com uma mentalidade que abraça o aprendizado e o crescimento. Às vezes, lições aprendidas com dificuldade deixam cicatrizes e imperfeições durante muito tempo depois do fato, e tudo bem. Abraçar nossas imperfeições e peculiaridades é um passo importante para nos amarmos por completo.

Liste algumas peculiaridades ou imperfeições que a tornam especial.

1. _____

_____

_____

2. _____

_____

_____

3. _____

_____

_____

4. _____

_____

_____

Olhe-se com compaixão e abrace quem você é

COISAS PELAS QUAIS SOU GRATA NESTA JORNADA

A gratidão pode transformar nossa perspectiva e diminuir o sofrimento. Encontrar a gratidão nos torna humildes conforme crescemos e aceitamos as lições ao longo da vida. Faça uma lista das coisas pelas quais você se sente grata.

1. _____

2. _____

3. _____

4. _____

5. _____

ABRAÇANDO A MIM MESMA

Parte de amar a si mesma envolve tratar-se com bondade e sabedoria. Pense em maneiras de fazer isso dentro dos seus limites. Preencha as linhas abaixo com exemplos de como você se abraça para cuidar de si mesma.

Fisicamente _____

Emocionalmente _____

Financeiramente _____

Mentalmente _____

Socialmente _____

VISUALIZE SEU FUTURO EU

Na atividade proposta abaixo, o objetivo é visualizar você mais velha e até mais sábia.

1. Feche os olhos e respire fundo, inspirando o ar pelo nariz e expirando pela boca.

2. Pense no que deseja para a sua vida. Imagine o que seria necessário para realizar esse sonho.

3. Pense: de que maneiras estou me limitando? O que me impede de seguir em frente?

4. Imagine-se lidando com essas barreiras e resolvendo-as. Visualize-se superando-as e se impulsionando para a frente, para mais perto dos seus sonhos.

5. Imagine uma versão mais velha, mais sábia e mais evoluída de si mesma, estendendo os braços para abraçar essa versão. Imagine essa sua versão expressando apreço e reconhecimento por tudo que você realizou até agora. Imagine seu eu mais sábio e mais velho expressando gratidão pela sua força e pelos seus dons.

6. Abrace-se por completo no momento presente e saiba que o seu eu futuro vai estar com você ao longo do caminho.

SOLUÇÃO DE PROBLEMAS DE AUTOCOMPAIXÃO

Ao fazer atividades de autoexploração, é muito importante analisar e avaliar o que funciona e o que não funciona bem. Nesta próxima etapa, vamos levar algum tempo para refletir sobre os componentes essenciais da nossa prática do amor-próprio, identificar as áreas que foram difíceis e criar possíveis ajustes ou melhorias específicas para sua jornada individual.

Reflita por um instante sobre sua prática de autocompaixão ao usar este livro. O que foi útil nesses exercícios? O que você achou desafiador? Reserve um tempo para identificar e listar todas as barreiras que a impedem de abraçar totalmente a autocompaixão. No espaço a seguir, pense em algumas soluções possíveis. Esta é uma sessão de brainstorming, portanto não há ideias erradas. Vá em frente e se expresse.

O que funcionou para mim:

_____

_____

_____

Desafios na prática da autocompaixão:

_____

_____

_____

Ideias e maneiras de melhorar:

_____

_____

_____

SOLUÇÃO DE PROBLEMAS DE ATENÇÃO PLENA

A atenção plena, um componente essencial na jornada ao amor-próprio, permeia todas as atividades deste livro. Conforme você a desenvolve, seus esforços podem mudar a sua vida, dando-lhe a capacidade de viver sem julgamentos e preocupações. Além disso, a atenção plena nos ensina a aceitar e a perceber. A simplesmente ser. Ao fazer isso, nos conectamos com a terra, o ar e tudo que existe ao nosso redor e dentro de nós. Tornamo-nos parte da paisagem e percebemos como nos encaixamos nela com perfeição..

O que funcionou para mim nessas atividades:

_____

_____

_____

Enfrentei desafios ao praticar a atenção plena durante esta experiência:

_____

_____

_____

Ideias e maneiras para melhorar a prática da atenção plena no futuro:

_____

_____

_____

SOLUÇÃO PARA PROBLEMAS EM ESTABELECER LIMITES

Exploramos a ideia de que o amor-próprio não existe sem limites. Para estabelecê-los, devemos nos valorizar e estar dispostas a nos sentir desconfortáveis. Definir limites pode ser assustador e doloroso, ainda mais quando somos novas nisso. Quando a criação de limites é combinada com a atenção plena, podemos superar esse desconforto. Vamos considerar o que funcionou e o que não funcionou.

O que funcionou para mim neste livro de atividades:

_____

_____

_____

Desafios que percebi na prática de estabelecer limites:

_____

_____

_____

Ideias e maneiras para melhorar a definição de limites:

_____

_____

_____

CINCO MANEIRAS DE ASSUMIR O CONTROLE

À medida que crescemos com a prática da autocompaixão, liberando as inseguranças, estabelecendo limites e tendo relacionamentos saudáveis, assumimos o controle da nossa vida. Temos várias opções de como podemos responder aos desafios que surgem no caminho. Aqui estão cinco sugestões de como podemos abordar os problemas e lidar com eles.

1. **Mudar a situação.** Muitas vezes, podemos mudar uma situação expressando nossos desejos e nossas vontades e comunicando nossas preferências. Embora nem sempre possamos alterar as circunstâncias, uma vez que não controlamos os sentimentos, os pensamentos e as ações dos outros, sabemos que, para mudar alguma coisa, devemos agir.

2. **Tolerar a situação.** Essa opção envolve aceitar e aprender a lidar com as coisas do jeito que são por meio de habilidades de enfrentamento e estratégias de pensar nas perspectivas existentes. Claro que tolerar não é sinônimo de gostar — pode envolver avaliar e decidir se é hora de uma mudança.

3. **Aceitar a situação.** Na realidade, mudar e tolerar são atitudes que requerem aceitação. Entretanto, a aceitação da situação envolve sofrimento ou desconforto de aprovar eventos que não podemos mudar. A aceitação permite uma espécie de paz e requer boas habilidades de atenção plena. Há uma sensação de empoderamento em aceitar uma coisa que não pode ser mudada.

4. **Não fazer nada.** Essa opção é simples. Não responda à situação e nem a aborde. Ignore-a por completo. Não é exatamente o mesmo que aceitação, uma vez que não fazer nada significa não buscar a aceitação. Qualquer pessoa que já tentou aceitar uma situação sabe como isso pode ser árduo.

5. **Torná-la pior.** Espero que você não escolha essa opção com frequência. Tornar a situação pior gera consequências de curto e longo prazo na nossa vida e nos nossos relacionamentos. Pode criar o caos e um drama desnecessário.

Identifique uma situação atual que está pesando sobre você. Escolha uma das cinco opções anteriores e escreva como seria essa resposta na sua situação. Esta é a melhor escolha?

ZONA DE CONFORTO

Quando temos coragem de superar nossos medos e dar alguns passos em direção aos nossos objetivos, começa a vida plena. Depois de abraçar o amor-próprio, sua vida vai continuar a se expandir. As possibilidades são infinitas. Nesta atividade, escreva no círculo menor situações em que você se sente à vontade e o nome de pessoas com quem se sente segura. No próximo círculo, identifique algumas das suas crenças e inseguranças limitantes. E, no terceiro círculo, o maior, liste todas as suas possibilidades de crescimento e todos os seus sonhos.

UM TRABALHO EM ANDAMENTO

A jornada em direção ao amor-próprio é interminável — vamos crescer e mudar sempre ao longo dos diferentes estágios de desenvolvimento da vida e dos ciclos familiares. Este livro pode ser usado muitas vezes no decorrer da sua jornada de vida e pode servir como recurso nos próximos anos. No espaço abaixo, identifique três áreas nas quais você sente que ainda precisa crescer, melhorar e expandir. Tente definir um lembrete na sua agenda para verificar esse trabalho consigo mesma (a cada seis meses) e ver como está se saindo na prática do amor-próprio.

1. _____

2. _____

3. _____

APRENDENDO SOBRE MIM

A autoexploração, às vezes, pode parecer pesada e intensa. Quando nos tornamos vulneráveis e honestas conosco, abrimos a porta para o insight e a consciência iluminarem nossos pontos mais sombrios. Espero que, com este livro, você tenha aprendido muito sobre si mesma. Reserve um momento e compartilhe aqui como você cresceu pessoalmente ao realizar essas atividades.

_____

_____

_____

_____

QUEM SÃO SUAS HEROÍNAS?

Ao olharmos para trás na história, vemos incontáveis exemplos de mulheres fortes e corajosas que abraçaram o amor-próprio e a mudança com todo o coração. Aqui estão alguns exemplos de mulheres e garotas, reais e imaginárias, que representam o poder do amor-próprio. Quais delas você admira ou com quais quer se parecer? Sinta-se à vontade para listar suas heroínas pessoais. O que a inspira nessas mulheres?

Malala Yousafzai

Rosa Parks

Maya Angelou

Helen Keller

Annie Easley

Jo March, do livro *Mulherzinhas*

Harriet Tubman

Anne Frank

Madre Teresa de Calcutá

Sojourner Truth

Katniss Everdeen, do livro *Jogos Vorazes*

Merida, do filme *Valente*

Mulher-Maravilha

Olhe-se com compaixão e abrace quem você é

SOPA DE LETRINHAS DO AMOR-PRÓPRIO

Às vezes, pode ser divertido fazer um jogo em que você inventa palavras que começam com determinada letra do alfabeto. Na atividade proposta, encontre palavras positivas que comecem com as letras do seu nome. Essas palavras devem refletir o que a torna única e digna de receber amor. Se quiser, use um dicionário de sinônimos ou procure no Google termos gentis que comece com cada letra.

Exemplo:

Musical

Energética

Genuína

Adaptável

Natural

170 Seja seu próprio amor

MEU LEGADO

A reflexão é uma parte especial e vital do desenvolvimento. Refletir sobre o significado da vida oferece uma oportunidade poderosa de olhar profundamente para dentro. Às vezes, rever nossa vida nos permite considerar nosso valor e nosso propósito. Esse processo ajuda a encontrar um significado com o qual podemos alinhar nossas escolhas e decisões de vida, tanto olhando para trás quanto para a frente. Se você fosse deixar um legado para o mundo, que diferença gostaria de ter feito? Pense em maneiras de seguir em direção a uma vida cheia de significado e propósito. É aqui, neste espaço, que o seu amor-próprio vai brilhar com mais intensidade.

Olhe-se com compaixão e abrace quem você é

CALENDÁRIO DO AMOR-PRÓPRIO

Agora que você tem uma série de atividades para praticar o amor-próprio, experimente uma habilidade por dia usando o calendário a seguir. Sinta-se à vontade para adaptá-lo com suas próprias ideias.

Seg	Ter	Qua	Qui	Sex	Sáb	Dom
Escreva uma carta de amor para si mesma	Pratique fazer uma afirmação	Olhe-se no espelho e elogie a si mesma	Procure um amigo há muito ausente	Pratique a atenção plena	Escute a sua playlist de poder para as mulheres	Releia as suas cartas e reflita sobre elas
Pratique a pose da Mulher--Maravilha	Repita este mantra: "Eu sou digna de amor"	Escreva no seu espelho que você é linda	Leia sobre sua heroína preferida	Pense no que a torna especial	Acenda uma vela aromática e faça uma meditação	Liste cinco coisas que você ama em si mesma
Experi-mente dizer "Não" uma vez hoje	Reflita sobre seus valores e seu propósito	Escolha uma atividade de visuali-zação e a pratique	Faça uma pausa e descanse	Tome um banho de espuma ou um banho quente	Estabeleça um limite com alguém	Tome uma decisão pensando primeiro no que você quer
Peça ajuda de alguém	Aprecie seu corpo com pensa-mentos amorosos	Escolha uma atividade autocal-mante e a pratique	Encontre um pensa-mento mais produtivo	Diga palavras gentis sobre as partes do seu corpo de que não gosta	Diga alguma coisa gentil para si mesma	Pratique a autocom-paixão pensando que os outros são como você

VOCÊ É DEMAIS!

Preencha a carta de agradecimento pelo seu empenho e pela sua disposição para explorar o amor-próprio. Esse tipo de trabalho pode ser desafiador, e está tudo bem. Você é uma mulher incrível, com muitos dons e pontos fortes, e deu passos enormes nesta jornada. Expresse esse agradecimento a si mesma.

Querida _____ ,
(SEU NOME AQUI)

   Você é realmente incrível. Eu adoro que você _____

_____ .

Obrigada por fazer do amor-próprio uma prioridade e por dedicar um tempo

a _____ .

Sei que houve desafios ao longo do caminho, como _____

_____ .

Estou orgulhosa de como você _____ .

Você mostrou e aprendeu que tem qualidades especiais, como _____

_____ . **Estou impressionada por você** _____

_____ .

Espero que continue crescendo no amor-próprio ao _____

_____ .

   Obrigada, mais uma vez, por ser tão incrível. Eu te amo.

   Com carinho,

_____
(SEU NOME AQUI)

Olhe-se com compaixão e abrace quem você é   **173**

CINCO LIÇÕES PARA LEVAR PARA O FUTURO

Anote cinco lições que você vai levar para a vida depois de concluir as atividades de amor-próprio deste livro. Pense no que aprendeu e nas novas maneiras de enxergar os momentos da vida daqui para a frente. Se preferir, pode escrever as lições em um pedaço de papel e escolher uma na qual se concentrar a cada dia.

1. _____

2. _____

3. _____

4. _____

5. _____

Teste: Até onde você chegou na sua jornada ao amor-próprio?

Vamos dar mais uma olhada na sua jornada em direção ao amor-próprio. Avalie as afirmações em uma escala de 0 a 5 e, quando terminar, some a pontuação.

0 = nunca   **1** = raramente   **2** = às vezes   **3** = com certa frequência
4 = com muita frequência   **5** = sempre

1. **Acredito que tenho valor e sou merecedora de amor.**

   0   1   2   3   4   5

2. **Acredito que sou especial.**

   0   1   2   3   4   5

3. **Acredito que tenho um propósito de vida.**

   0   1   2   3   4   5

4. **Sou capaz de comunicar minhas necessidades e meus desejos.**

   0   1   2   3   4   5

5. **Aceito e amo o meu corpo do jeito que ele é.**

   0   1   2   3   4   5

6. **Não preciso ter um relacionamento afetivo para me sentir completa.**

   0   1   2   3   4   5

Olhe-se com compaixão e abrace quem você é

7. Acho que não há problema em cometer erros e não ser a melhor.

0   1   2   3   4   5

8. Meus sentimentos são tão importantes quanto os de outras pessoas.

0   1   2   3   4   5

9. Dou igual importância aos meus sentimentos e aos dos outros.

0   1   2   3   4   5

10. Eu mereço coisas boas na vida.

0   1   2   3   4   5

Pontuação:

40–50 = Você alcançou uma noção maravilhosa de amor-próprio. Continue crescendo e se amando.

30–40 = Você está no caminho! Siga reservando um tempo para lembrar que é especial.

20–30 = Você sente que tem valor, mas também sofre. Não desista. Você vale a pena.

10–20 = Você sofre para se sentir valorizada e amada. Desenvolver o amor-próprio leva tempo. Continue — você está no caminho certo.

0–10 = Você deu um grande passo para começar a reconhecer a importância do amor-próprio. Continue praticando e crescendo com as lições deste livro.

CONCLUSÃO

Depois de ler este livro, tenho certeza de que você pode concordar que abraçar por completo quem somos não acontece por meio de mágica nem de uma hora para outra. É necessário dedicar tempo e esforço para aprender a deixar de lado as inseguranças persistentes e aceitar nossos sentimentos desagradáveis e nossas falhas. Mas, conforme nos permitimos aprender lições de vida e praticar o amor-próprio, coisas maravilhosas podem surgir: uma razão para viver, relacionamentos mais saudáveis e compaixão pelos outros e — o mais importante — por nós mesmas. Abraçar a si própria permite abraçar os outros e viver plenamente.

> Estou sempre crescendo
> e aprendendo.

UMA PALAVRA FINAL SOBRE AMOR-PRÓPRIO

"As pessoas mais bonitas que conhecemos são aquelas que conheceram a derrota, o sofrimento, a luta, a perda e encontraram um caminho para sair do fundo do poço. Essas pessoas têm uma apreciação, uma sensibilidade e uma compreensão da vida que as enchem de compaixão, gentileza e um profundo interesse amoroso. Pessoas bonitas não acontecem por acaso."

—ELIZABETH KÜBLER-ROSS

Parabéns, você conseguiu! Embora tenhamos chegado ao destino em nosso livro de atividades, espero que você continue na sua jornada ao amor-próprio. Sua coragem e sua disposição para comparecer e realizar esses exercícios sem dúvida fortaleceram seu relacionamento consigo mesma. Agora, espero que tenha adquirido uma nova apreciação pelos seus dons e pontos fortes. Nesse momento, você tem uma compreensão melhor dos seus valores. Mais do que isso, você aprendeu maneiras de abraçar todo o seu ser, incluindo suas falhas e imperfeições (que todas nós temos), enquanto libera a insegurança. Você também pode ter descoberto que seus relacionamentos e suas interações com outras pessoas mudaram. Esse resultado é perfeitamente normal e correto. Com essas práticas intencionais, você aprendeu novas maneiras de continuar a incorporar o amor-próprio na sua vida. Seu trabalho árduo compensou..

Ao longo dessa jornada, você pode ter encontrado vários obstáculos. Reconheça seus tropeços e deixe-os ir. O importante é que você não desistiu e encontrou um jeito de seguir em frente. Lembre-se de que essa é uma jornada contínua — uma evolução —, então continue seguindo em frente. O amor-próprio tem a capacidade de continuar a mudar profundamente você e o mundo em que vive, por isso ele é um esforço que vale a pena.

Este livro pode tê-la inspirado a procurar outras maneiras de continuar a crescer e a evoluir. Eu a encorajo a consultar a seção de sugestões na página 181. O que você encontrará lá pode lhe dar suporte e inspirá-la a se tornar a melhor versão de si mesma.

Eu me sinto honrada por ter sido sua copilota e tê-la ajudado a navegar em direção ao amor-próprio. Estou confiante de que você está totalmente pronta para voar sozinha e continuar explorando sua autovalorização, crescendo de maneiras que vão enriquecer a sua vida. Desejo a você tudo de melhor na sua jornada contínua em direção ao amor-próprio.

SUGESTÕES

Concluir um livro de atividades como este pode inspirar e desbloquear o desejo de crescimento contínuo em áreas que podem precisar de mais atenção. Aqui estão alguns recursos para diferentes tópicos, para ajudá-la a evoluir na sua jornada contínua ao amor-próprio.

Livros

Brown, Brené. *A arte da imperfeição*. Rio de Janeiro, RJ: Sextante, 2020.

Brené Brown é bem conhecida pelas pesquisas sobre vergonha e vulnerabilidade. Vários de seus livros, incluindo *A coragem de ser imperfeito* e *Mais forte do que nunca*, empoderam os indivíduos a encontrar seu propósito e a se livrar da vergonha ao abraçar a vulnerabilidade. Além dos livros, Brown tem vários TED Talks envolventes sobre vergonha, vulnerabilidade e amor-próprio.

Hays, Louise. *How to Love Yourself: Cherishing the Incredible Miracle That You Are*. Lido pela autora. Carlsbad, CA: Hay House, Inc. Audiolivro da Audible, ed. 2005.

Louise Hays, pioneira no movimento do amor-próprio, tem vários livros inspiradores escritos ao longo de décadas. Ela montou sua própria editora, que prioriza livros de autoajuda baseados na autoestima.

Johnson, Sue. *Abrace-me apertado: Sete conversas para um amor duradouro*. São Paulo: Editora Jardim dos Livros, 2012.

A dra. Sue Johnson é reconhecida internacionalmente no campo das intervenções de casal. Psicóloga clínica e professora de investigação distinta, Sue Johnson desenvolveu a terapia focalizada na emoção, EFT na sigla em inglês, é autora de muitos livros e artigos e já formou milhares de terapeutas em todo o mundo.

Sites

Os testes de personalidade são um jeito maravilhoso de aprender mais sobre nós mesmas. Aqui estão dois sites que fazem avaliações precisas para ajudá-la a aumentar a autoconsciência:

www.16personalities.com/br/teste-de-personalidade

www.psicorh.com.br/2014/08/teste-de-orientacao-no-eneagrama.html?m=1

O Programa Autoestima, do Governo do Estado de São Paulo, oferece acolhimento psicossocial individual e em grupo para quem deseja e precisa de auxílio para a saúde mental.

www.autoestima.sp.gov.br

REFERÊNCIAS

Anderson, Laurie Halse. *Garotas de vidro*. Ribeirão Preto, SP: Novo Conceito, 2012.

Baldwin, James. *The Price of the Ticket: Collected Nonfiction, 1948–1985*. Nova York: St. Martin's Press, 1985.

Beattie, Melody. *Codependência nunca mais*. Rio de Janeiro, RJ: BestSeller, 2013.

Bombeck, Erma. *Eat Less Cottage Cheese and More Ice Cream: Thoughts on Life from Erma Bombeck*. Kansas City, MO: Andrews McMeel Publishing, 2011.

Breel, Kevin. *Confessions of a Depressed Comic*. Filmado em maio de 2013. Vídeo do TEDx, 10:47. Disponível em: <ted.com/talks/kevin_breel_confessions_of_a_depressed_comic>.

Brown, Brené. *A arte da imperfeição*. Rio de Janeiro: Sextante, 2020.

Clemmer, Jim. *The Leader's Digest: Timeless Principles for Team and Organization Success*. Toronto: TCG Press, 2011.

De Angelis, Barbara. *Are You the One for Me? Knowing Who's Right and Avoiding Who's Wrong*. Nova York: Delacorte Press, 1992.

Hale, Mandy. *You Are Enough: Heartbreak, Healing, and Becoming Whole.* Franklin, TN: FaithWords, 2018.

Hemingway, Ernest. *Men Without Women.* Nova York: Scribner, 2004.

Kübler-Ross, Elisabeth. *Death: The Final Stage of Growth.* Nova York: Simon & Schuster, 1975.

Levine, Amir; Heller, Rachel. *Apegados.* Brasília, DF: Editora Novas Ideias, 2013.

Linehan, Marsha. *Treinamento de habilidades em DBT: Manual de terapia comportamental dialética.* 2a ed. São Paulo: Artmed, 2017.

Maraboli, Steve. *Life, the Truth, and Being Free.* Port Washington, NY: A Better Today Publishing, 2009.

Neff, Kristin. *Self-Compassion: The Proven Power of Being Kind to Yourself.* Nova York: William Morrow Paperbacks, 2015.

Parr, Todd. *Tudo bem ser diferente.* São Paulo, SP: Panda Books, 2002.

_____. *Tudo bem cometer erros.* São Paulo, SP: Panda Books, 2002.

Rogers, Fred. *Aula inaugural no Middlebury College.* Maio de 2001. Disponível em: <archive.org/details/rogers_speech_5_27_01>.

Shakespeare, William. *The New Cambridge Shakespeare: King Henry V.* Editado por Andrew Gurr. Cambridge: Cambridge University Press, 1992.

Tolle, Eckhart. *Um mundo novo: O despertar de uma nova consciência*. Rio de Janeiro: Sextante, 2007.

Tugaleva, Vironika. *The Art of Talking to Yourself: Self-Awareness Meets the Inner Conversation*. Soulux Press, 2017.

ÍNDICE REMISSIVO

A

Aceitação 84, 159, 165

Afirmações 12, 27, 39, 48, 49, 55, 70, 76, 81, 86, 89, 120, 122, 123, 134, 138, 146, 175

Agradar às pessoas 22, 26, 131, 143, 144

Alongamento 38

Amor-próprio 8, 10, 11, 12, 15, 16, 17, 18, 19, 20, 21, 22, 23, 24, 25, 26, 27, 28, 29, 31, 32, 35, 36, 37, 38, 39, 40, 41, 43, 45, 46, 48, 49, 52, 54, 59, 60, 62, 63, 64, 65, 68, 89, 91, 103, 105, 109, 111, 124, 129, 131, 133, 134, 136, 143, 145, 146, 151, 155, 157, 158, 162, 163, 164, 167, 168, 169, 170, 171, 172, 173, 174, 175, 176, 177, 178, 179

Anderson, Laurie Halse 156

Atenção plena 34, 80, 82, 101, 103, 163, 164, 165, 172

Autoavaliação 27, 40

Autocompaixão 13, 22, 25, 41, 65, 66, 67, 70, 72, 73, 74, 76, 77, 78, 79, 80, 81, 82, 84, 85, 86, 87, 124, 131, 146, 154, 161, 162, 165, 172

Autocuidado 7, 8, 22, 34

Autoestima 67, 77, 133

Autovalorização 13, 20, 26, 33, 55, 57, 64, 68, 89, 105, 106, 107, 109, 111, 112, 115, 120, 123, 124, 127, 128, 129, 131, 134, 151, 154, 179

B

Beattie, Melody 143

Brown, Brené 10

C

Carta de amor 104, 118, 172

Codependência 22, 143

Codependência nunca mais (Beattie) 143

Coelhinho de veludo, O 78

Coisas preferidas 63

Confiança 7, 33, 45, 93, 94, 95, 107, 132, 133,

136, 137, 143, 152, 153

Controle 133, 134, 153, 165

Conversas internas 75

Crescimento 12, 19, 22, 25, 45, 76, 145, 157, 159, 167

D

De Angelis, Barbara 14

Desafios 25, 73, 74, 89, 96, 104, 129, 162, 163, 164, 165, 173

Dons 12, 17, 22, 33, 60, 99, 104, 107, 122, 157, 158, 161, 173, 179

E

Equipe de líderes de torcida 94

Erros 17, 26, 28, 67, 72, 76, 79, 87, 89, 100, 112, 121, 122, 124, 129, 145, 176

"E se..." 90, 92

Espaço, ocupa 117

Estabelecendo limites 153, 165

Estilo de apego 148, 150

Estilos de comunicação 141

Eu futuro 161

Eu mais jovem 53, 70

F

Felicidade 21, 158

G

Gratidão 22, 65, 119, 154, 160, 161

H

Hale, Mandy 16

Hay, Louise L. 8, 42

Hobbies 40, 59, 116

Honestidade 32, 33, 41, 152, 155

Humor 60, 85, 111, 159

I

Imagem corporal 12, 58, 107, 119

Imperfeições 84, 108, 159, 179

Insegurança 13, 25, 26, 58, 87, 89, 90, 91, 92, 93, 95, 96, 97, 101, 104, 107, 110, 133, 134, 146, 154, 179

Ioga 38

K

Kaur, Rupi 130

Kübler-Ross, Elisabeth 178

L

Lao-Tsé 44

Lembranças 45, 59, 91

Linguagem corporal 93, 141

M

Mantras 12, 76, 99

Meditação 34, 36, 37, 62, 73, 172

Mensagens positivas 55

Mensagens sociais 18, 57

Modelos 57, 100, 126, 169

Motivação 17

N

"Não" 172

Natureza 31, 34, 35, 40, 86, 110, 115, 158

Neff, Kristin 66, 74

O

Objetivos 20, 22, 31, 46, 139, 157, 167

P

Parr, Todd 100

Peculiaridades 159

Pedindo desculpa 140

Pensamento em preto e branco 112

Pensamentos negativos 86, 89, 97

Personalidade 34, 62

Playlist 48, 172

Pontos fortes 12, 17, 22, 60, 105, 107, 122, 157, 173, 179

R

Realizações 18, 20, 67, 77, 89, 94

Redes sociais 20, 40, 68, 86

Reflexão 24, 171

Registro em diário 39

Relacionamentos 13, 18, 20, 21, 22, 26, 32, 33, 45, 54, 89, 105, 127, 129, 131, 132, 133, 134, 135, 136, 143, 144, 145, 147, 148, 149, 152, 153, 154, 155, 165, 166, 177, 179

Perseguindo os relacionamentos indisponíveis 146

Respiração 23, 29, 37, 38, 39, 62, 63, 73, 95

Ressignificação 101

Roosevelt, Eleanor 88

S

Sentimentos 13, 25, 28, 32, 33, 38, 39, 45, 46, 49, 52, 58, 64, 67, 73, 76, 79, 80, 82, 83, 84, 92, 93, 100, 119, 122, 127, 128, 131, 134, 138, 143, 144, 145, 146, 147, 153, 155, 165, 176, 177

Sofrimento 66, 67, 74, 78, 79, 160, 165, 178

T

Tugaleva, Vironika 30

V

Valores 7, 22, 32, 59, 124, 145, 152, 172, 179

Vergonha 12, 17, 18, 19, 31, 58, 73, 102, 128, 145, 146

Visualização 37, 172

Vontades 7, 17, 136, 165
Vulnerabilidade 25, 29, 33, 41, 67

W

Woolf, Virginia 106

Z

Zona de conforto 47, 89, 157, 167

AGRADECIMENTOS

Este livro é o resultado de exercícios e atividades que criei e usei com clientes ao longo dos anos. Algo verdadeiramente sagrado e profundo acontece em uma sessão de terapia, ao mesmo tempo que abre espaço para alguém compartilhar tamanha vulnerabilidade. São nesses momentos em que me sinto honrada, pois minhas clientes são as verdadeiras professoras e curadoras. Um agradecimento especial para minha mãe e meu pai, minhas irmãs, meus filhos e o pai deles, bem como às pessoas especiais ao longo do caminho que me ensinaram lições de vida valiosas ou me encorajaram e me inspiraram a colocar as ideias no papel. Sou genuína e eternamente grata.

Primeira edição (fevereiro/2022)
Papel de miolo Offset 90g
Tipografias Shandon Slab e Mirai
Gráfica Santa Marta